ANÁLISE FINANCEIRA

Uma Visão Gerencial

Aderbal Nicolas Müller
Luis Roberto Antonik

ANÁLISE FINANCEIRA

Uma Visão Gerencial

Guia prático com sugestões e indicações da análise financeiras das organizações

ALTA BOOKS
EDITORA
Rio de Janeiro, 2016

Análise Financeira: Uma visão gerencial — Um Guia Prático com Sugestões e Indicações da Análise Financeira das Organizações

Copyright © 2016 da Starlin Alta Editora e Consultoria Eireli. ISBN: 978-85-7608-925-4

Impresso no Brasil — 1ª Edição, 2016.

Edição revisada conforme Acordo Ortográfico da Língua Portuguesa de 2009.

Produção Editorial
Editora Alta Books

Gerência Editorial
Anderson Vieira

Assistente Editorial
Milena Lepsch

Supervisão Editorial
Sergio Luiz de Souza

Produtor Editorial
Claudia Braga
Thiê Alves

Design Editorial
Aurélio Corrêa

Marketing Editorial
marketing@altabooks.com.br

Captação e Contratação de Obras Nacionais
J. A. Rugeri
Marco Pace
autoria@altabooks.com.br

Vendas Atacado e Varejo
Daniele Fonseca
Viviane Paiva
comercial@altabooks.com.br

Ouvidoria
ouvidoria@altabooks.com.br

Equipe Editorial
Bianca Teodoro
Carolina Giannini
Christian Danniel
Izabelli Carvalho
Jessica Carvalho
Juliana de Oliveira
Renan Castro
Silas Amaro

Revisão Gramatical
Fatima Regina Chaves da Silva

Layout e Diagramação
Lucia Quaresma

Capa
Angel Cabeza

Dados Internacionais de Catalogação na Publicação (CIP)

M958a Müller, Aderbal Nicolas.
Análise financeira : uma visão gerencial : um guia prático com sugestões e indicações da análise financeira das organizações / Aderbal Nicolas Müller, Luis Roberto Antonik. – Rio de Janeiro, RJ : Alta Books, 2016.
256 p. : il. ; 24 cm.

Inclui bibliografia e índice.
ISBN 978-85-7608-925-4

1. Empresas - Análise financeira. 2. Empresas - Finanças. 3. Financiamento empresarial. 4. Contabilidade. I. Antonik, Luis Roberto. II. Título.

CDU 658.15
CDD 658.15

Índice para catálogo sistemático:
1. Empresas : Análise financeira 658.15

Rua Viúva Cláudio, 291 — Bairro Industrial do Jacaré
CEP: 20970-031 — Rio de Janeiro
Tels.: 21 3278-8069/8419 Fax: 21 3277-1253
www.altabooks.com.br — e-mail: altabooks@altabooks.com.br
www.facebook.com/altabooks — www.twitter.com/alta_books

“Os ventos e as ondas estão sempre ao lado dos navegadores mais competentes”.

Edward Gibbon

DEDICATÓRIA

Dedicamos este livro a nossos Professores, Mestres e Doutrinadores, pela paciência, dedicação, perseverança, estudo e meditação, permitindo que, com seus ensinamentos, pudéssemos crescer pessoal e profissionalmente, procurando contribuir cada vez mais com o aperfeiçoamento de nossos alunos e de toda a sociedade.

AD UNIVERSI TERRARUM ORBIS SUMMI ARQUITECTI GLORIAM! Prof. Dr. Aderbal N. Müller

a Dione Patruni, pela amizade, paciência e dedicação.

Luis Roberto Antonik

SOBRE OS AUTORES

Aderbal Nicolas Müller é Doutor pela UFSC. Mestre em Ciências Sociais Aplicadas. Especialista em Administração/Finanças. Graduado em Ciências Contábeis pela FAE Business School (Curitiba/PR). Professor e Coordenador do Curso de Ciências Contábeis da FAE (2001/2008). Coordenador do Curso de Pós-Graduação em Contabilidade Gerencial e Auditoria e do Curso de Controladoria da FAE (2001/2009). Diretor da Câmara de Perícias do SESCAP/PR (2001/2009). Autor de diversas obras nas áreas de contabilidade, auditoria e perícia. Contador, Consultor de Empresas e Perito Judicial.

Luís Roberto Antonik (Ph.D.) é professor e executivo de empresas. Graduado em Administração, Economia e Geografia é autor de vários livros nas áreas de finanças, matemática financeira e comercial e filosofia.

PREFÁCIO

Este livro, de autoria dos Professores Aderbal Nicolas Müller e Luís Roberto Antonik, traz importantes contribuições ao estudo das Finanças e, mais particularmente, ao segmento de Análise Financeira de empresas.

A Análise Financeira, conforme tratada pelos autores, incorpora os mais destacados avanços verificados na matéria, de forma a atender às necessidades cada vez mais exigentes dos profissionais financeiros, além de permitir aos estudantes um conhecimento mais amplo e crítico da matéria. É importante entender-se que a Análise Financeira não deve se limitar a indicadores horizontais e verticais e cálculo de índices convencionais; ao contrário, o seu estudo deve incorporar novas interpretações que permitam que se infiram causas e efeitos e um acurado entendimento de suas questões mais complexas.

Em verdade, a obra extrapola o contexto tradicional da literatura sobre o assunto, abordando em extensão temas bem atuais como abertura de capital, governança corporativa, "*disclosure*"[1], riscos e garantias, padronização das demonstrações contábeis, entre outros. Os autores vão buscar na Economia, Contabilidade, Direito e Finanças Corporativas as noções essenciais para embasarem o tratamento e entendimento mais abrangente dos conceitos e técnicas da Análise Financeira.

Devem ser destacadas, como contribuição do trabalho, a abordagem gerencial adotada, e a forma prática e simples dos autores em apresentar seus principais conceitos e métodos de cálculo da Análise Financeira. Neste livro, a teoria é tratada de maneira a ajudar o leitor e estudante perceberem, com a profundidade necessária, as questões fundamentais da prática financeira das empresas.

Outra importante característica da obra dos professores Aderbal Nicolas Müller e Luís Roberto Antonik é a adequação de toda teoria e instrumental da Análise Financeira à realidade brasileira. Na obra, os autores não se limitam aos modelos financeiros puros, mas vão além, incorporando aos conceitos disponí-

[1] Divulgação de informações por parte de uma empresa, possibilitando uma tomada de decisão consciente pelo investidor e aumentando sua proteção. Transparência.

veis as informações básicas de nossa economia na tentativa de oferecerem uma visão válida para o Brasil.

O livro surge, em verdade, da necessidade do mercado editorial em publicar trabalhos de autores nacionais e que retratem a realidade brasileira, colaborando para elevar a qualidade do ensino e da gestão de nossas empresas. O leitor é levado a raciocinar sobre as influências de nossas características econômicas sobre os modelos financeiros convencionais, desenvolvidos geralmente em ambientes díspares do brasileiro, suas limitações e necessidades de ajustes.

Na obra são considerados, além de nossas legislações fiscal e societária, padrões de desempenho nacionais, inflação e índices de preços, ilustrações envolvendo empresas brasileiras, variação cambial, entre outras medidas tipicamente nacionais.

Os capítulos são apresentados de forma organizada e de acordo com uma sequência natural desejada. Muito interessante a abordagem dinâmica e estática da análise financeira desenvolvida pelos autores nos capítulos 3 e 4. Tratam o assunto de maneira bastante didática e pragmática, permitindo ao leitor melhores condições de interpretação e avaliação crítica dos resultados.

Enfim, é oferecida uma boa contribuição no campo da Contabilidade e Finanças, servindo de referência aos estudiosos do assunto, trazendo inovações no tratamento da matéria, que será de grande utilidade para melhor se entender e admirar a área contábil-financeira.

Os autores são bastante conhecidos e respeitados no meio acadêmico e profissional, apresentando um currículo que certamente atribui grande credibilidade ao trabalho.

Deixemos aos leitores, agora, a oportunidade de apreciarem esta oportuna obra.

Prof. Dr. Alexandre Assaf Neto
Ribeirão Preto – SP

PALAVRA DOS AUTORES

Nossa constante busca pelo estudo e aperfeiçoamento traduz-se em dedicação em sala de aula.

Começamos assim, para ilustrar o resultado de um trabalho acadêmico iniciado, por duas vezes, em sala de aula. Ressalve-se que um dos autores, o Prof. Aderbal N. Müller, foi aluno de Administração Financeira do Prof. Antonik. O relacionamento estendeu-se em âmbito pessoal e familiar e, hoje, trabalhando juntos na FAE Business School, uma das universidades do Grupo Bom Jesus, complexo educacional integral, presente em quatro estados brasileiros, dirigida por frades franciscanos, com mais de cem mil alunos. Após treze anos desde o primeiro contato, publicam um livro juntos. A dedicação do Prof. Antonik envolveu desde o relacionamento em sala de aula até a preparação de uma apostila, sempre atualizada, para uso didático-pedagógico. Todo esse trabalho culminou no desenvolvimento desta obra, que agora apresentamos. Desejamos que ela possa servir de exemplo a outros professores e estudantes, que possa marcar essa parceria entre Mestre e discípulo, e que possa servir de instrumento para o conhecimento de algumas nuances de grande importância no ramo das finanças empresariais.

O grande objetivo deste livro é trazer aos leitores o resultado de todo esse trabalho, que envolveu anos de experiência e pesquisa, complementações e ressalvas de sala de aula. Certamente foram selecionados os melhores temas, em nossa humilde opinião, e que ainda não estão dispostos desta forma em nenhuma outra literatura nacional. Nossa intenção é de promover o conhecimento de determinados enfoques dentro da administração financeira, em uma abordagem pragmática e objetiva, dentro do possível. A organização do trabalho e sua idealização procuram abranger os principais tópicos das cadeiras de finanças ministradas em cursos de gestão organizacional, entre eles os de Administração, Ciências Contábeis e Ciências Econômicas. Muitas partes desta obra são frutos de artigos e textos anteriormente produzidos e que, agora, aparecem sistematizados no conteúdo, em forma didática e sequencial, permitindo aos leitores o aprimoramento de seus conhecimentos.

Esperamos que nossa contribuição possa, senão esclarecer pontos vitais, deixar um raciocínio a ser julgado e estudado por nossos leitores. Desejamos, assim, uma boa leitura a todos!

Os autores

SUMARIO

INTRODUÇÃO

Análise da Situação de Financiamento Empresarial

Analisar a situação de financiamento empresarial ou, como a organização obtém e emprega seus recursos, não é uma tarefa trivial. Muitas são as restrições impostas ao analista de crédito ou ao comprador. Enumeramos esses dois profissionais, pois a capacidade financeira das organizações é de interesse tanto de quem concede crédito e espera que o mesmo seja honrado, quanto daquele que compra produtos e serviços e também acredita que os mesmos serão entregues nos prazos e com a qualidade contratada.

Este explica as dificuldades de fazer análise da capacidade financeira e da situação de financiamento das empresas, discutindo a falta de transparência das informações contábeis e a inexistência de garantia de acurácia e legalidade dos dados, pois, exceto as empresas que possuem ações listadas em bolsa, as quais, devido a essa situação, estão sujeitas a uma série interminável de normas e regulamentos protegendo a verdade contida nas suas demonstrações financeiras, as demais sociedades anônimas, companhias limitadas e empresas individuais, não asseguram aos compradores dos seus produtos ou serviços, ou àqueles que lhes concedem crédito, o mínimo de garantia de que os dados contábeis são críveis ou legais.

Este trabalho está dividido em quatro partes. Na primeira discutimos sobre a legalidade, exatidão e transparência das informações econômico-financeiras das organizações. Posteriormente, são mostrados alguns aspectos de análise de valor real do dinheiro no tempo e da comparabilidade das demonstrações financeiras. Como terceiro ponto a sua finalidade principal, o poder da análise dinâmica como instrumento de verificação da situação de financiamento empresarial e, finalmente, a análise da situação econômico-financeira com os índices da contabilidade tradicional.

Análise Econômico-Financeira e da Situação de Financiamento Empresarial

Por considerar que é a forma mais apropriada de examinar a situação de financiamento de uma empresa, dividimos a análise econômica em três grupos distintos, cada qual com a sua própria importância e peculiaridade:

- Análise Financeira
- Análise Dinâmica
- Análise Estática

Entretanto, antes de iniciar a análise financeira propriamente dita, é necessário definir algumas regras e revisar alguns conceitos. Como primeiro ponto, em contabilidade e finanças, algumas palavras são utilizadas como sinônimos e, na prática, assumem diferentes propriedades e aplicações. Temos, por exemplo, verbetes como receita, vendas, arrecadação e faturamento. Um pouco de leitura ensina que estas palavras não representam a mesma coisa, como veremos adiante. Por outro lado, também é importante trazer à discussão o tema da transparência e da confiabilidade das informações contábeis, pois a maioria das organizações não está obrigada a revelar o conteúdo de suas demonstrações econômico-financeiras, muito menos atestar, seja por um organismo interno ou externo, que os dados são corretos e foram elaborados conforme as práticas contábeis tradicionais e aceitas, conhecidas como princípios contábeis. A conjunção dos pontos levantados: conceitos e confiabilidade resultam numa dificuldade oceânica de manipulação dos resultados contabilizados de uma empresa.

Em se tratando de análise, a chamada Análise Financeira de uma empresa está baseada na variação real das contas contábeis e dos resultados financeiros, indexando-as de modo a retirar os efeitos inflacionários, pois é prática comum no mercado a comparação de valores nominais, sem a devida explicação de que, na verdade, são valores incomparáveis, por estarem em períodos diferentes de tempo. Não são raros os exemplos de relatórios anuais de empresas de capital aberto, nos quais os administradores mostram uma variação positiva da receita, quando comparada com o ano anterior, no qual, em termos reais, essa variação foi negativa. O quadro 1 mostra que, embora o resultado nominal da Receita Operacional Líquida da Companhia M1 tenha sido positivo em 15,1%, quando são retirados os efeitos da inflação, medida pelo IGP-M dos anos de 2003 e 2002, a variação "real" dessa receita passa a ser negativa em 7,26%.

Demonstração de Resultados em 2003 (R$ milhões)		
Item	**2003[2]**	**2002**
Receita Operacional Bruta	6.806,60	6.184,80
Deduções da Receita Operacional Bruta	3.562,00	3.366,20
Receita Operacional Líquida (ROL)	3.244,60	2.818,60
Variação Nominal da ROL de 2003 em relação a 2002	15,1%	
IGP-M médio[3]	288,04	232,05
Receita Operacional Líquida em IGP-M'S (R$3.244,60 / 288,04)	11.264	12.147
Variação real da ROL, pelo IGP-M, de 2003 em relação a 2002	-7,26%	

Quadro 1: **Receita Operacional Líquida**

A segunda abordagem de análise é o chamado modelo dinâmico, introduzido no Brasil pelo Professor Fleuriet e, posteriormente, aperfeiçoado para a realidade empresarial brasileira pelos Professores Assaf Neto e Tibúrcio, de São Paulo, e também pelo Professor Armando Rasoto, de Curitiba. Esse modelo separa as contas do Balanço Patrimonial em grupos, fazendo uma identificação bastante precisa da origem dos recursos (passivos), especialmente quanto ao custo e ao prazo, e a sua contrapartida como aplicação (ativos).

[2] Usamos números defasados (2003 e 2002), pois nestes períodos a inflação estava muito elevada e didaticamente é mais fácil para explicar. Embora não se releve a empresa, os dados são reais.

[3] Soma dos números índices do IGP-M de janeiro até dezembro, dividida por 12 – Média Aritmética do Índice.

Segundo Rasoto[4], enquanto a contabilidade tradicional enxerga os ativos como direitos, a Análise Dinâmica os percebe como investimentos (figura 1). Por outro lado, quando a contabilidade classifica os passivos como obrigações, a análise dinâmica os vê como fontes de capital ou captações. A análise dos "investimentos" da empresa em capital de giro ou suas imobilizações torna-se reveladora, especialmente quando mostra de onde os recursos financeiros foram "tomados", pois captação de recursos financeiros de curto prazo para "investimento" em imobilizações de longo prazo fragilizam a liquidez e colocam o negócio em risco, explica Rasoto.

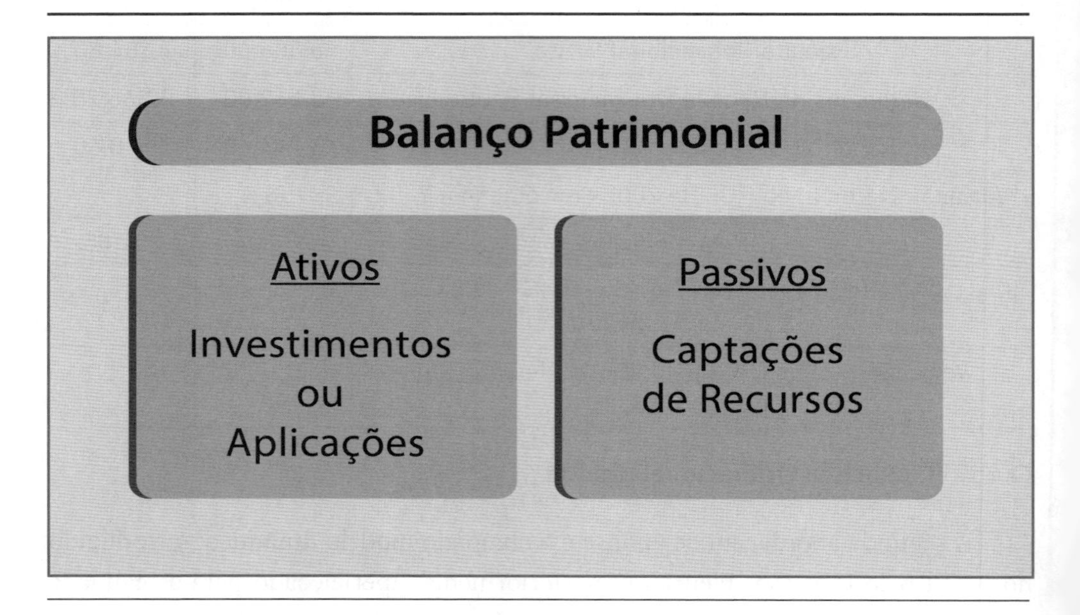

FIGURA 1: O Princípio da Análise Dinâmica

Em nenhum momento se questiona a contabilidade tradicional, em qualquer caso de dúvida, esta sempre estará com a razão. As alegações aqui mencionadas: estática e dinâmica aplicam-se apenas para a finalidade de análise.

Finalmente, a não menos importante avaliação da situação financeira empresarial por intermédio de índices. A chamada análise estática, com suas origens na

4 RASOTO, Armando. A estratégia focada no Resultado. Revista FAE Business School – Idéias para Gestão Empresarial, Curitiba, n. 05, 18-21p., abril/2003.

contabilidade tradicional e com secular utilidade, faz comparações por intermédio de índices, informando automaticamente a tendência das contas ou dos resultados contábeis, eliminando os indesejáveis efeitos de inflação, quantidades e moedas. Esse tipo de análise deve ser verificado com certas restrições e cuidados extras, os quais identificamos em capítulo próprio, pois revelam uma "fotografia" do momento vivido pela organização. Entretanto, como todos sabem, a empresa é um "ser" vivo e em constante mutação. Olhá-lo de um único ângulo pode distorcer os fatos e levar o analista menos preparado a concluir erroneamente.

Seja qual for o tipo de análise praticada, sua finalidade é examinar dados contábeis, na tentativa de avaliar os desempenhos passados, traçando um perfil da empresa para o futuro, com propósitos múltiplos e variados: simples avaliação de desempenho, obtenção de crédito junto a fornecedores, empréstimos bancários, financiamentos de projetos, etc.

Capítulo 1

Análise da Situação de Financiamento Empresarial

1. ANÁLISE DA SITUAÇÃO DE FINANCIAMENTO EMPRESARIAL

1.1. Conceitos, Transparência e Procedimentos Contábeis — Uma Revisão Conceitual

Resumo:

Este capítulo discorre sobre os diferentes tipos de organizações empresariais permitidas pela legislação brasileira, especialmente no que diz respeito à confiabilidade e à transparência das informações econômico-financeiras, abordando os problemas de análise das empresas que não são listadas em bolsa de valores, uma ínfima quantidade de cerca de 500 organizações ou um pouco mais, no universo de quase sete milhões de empresas existentes no Brasil.

Os bancos e as empresas, no instante da concessão de crédito, analisam exaustivamente as informações contábeis e os dados físicos dos seus clientes. Por outro lado, as sociedades mais organizadas, quando adquirem produtos ou serviços, examinam os mesmos dados com o intuito de verificar se o fornecedor terá capacidade de cumprir as suas obrigações, sejam as de entregar o objeto contratado no prazo certo ou na qualidade e especificações originalmente contratadas.

Neste capítulo, o leitor poderá encontrar algumas informações úteis sobre conceitos contábeis, sempre do ponto de vista da análise, tais como receitas, despesas, investimentos, valores correntes e indexados, entre outros.

Uma parcela importante dos conceitos relacionados com a análise da situação de financiamento das empresas não é encontrada nos livros dedicados ao tema. Os autores supõem que os leitores dominam os conceitos financeiros e contábeis, indispensáveis ao procedimento do estudo e da análise dos casos. Tal pressuposto dificulta sobremaneira o estudo da matéria, exigindo bibliografia complementar.

- Realização da Receita e das Despesas
- Valores Correntes ou Nominais
- Transparência e Confiabilidade em Resultados Contábeis
- Investimento/Ativo/Imobilizado
- Despesas
- Receitas

Com o intuito de facilitar o trabalho do leitor, a seguir comentamos alguns conceitos e procedimentos contábeis.

1.2. Realização das Receitas e das Despesas

De acordo com os conceitos contábeis, as receitas devem ser contabilizadas ou reconhecidas (na linguagem dos contadores), no mesmo exercício em que o serviço foi prestado ou no qual os bens foram entregues, não considerando a forma de pagamento, ou seja, independentemente se foram comprados à vista ou a prazo.

De acordo com a Lei 6404/76, na determinação do "resultado", o qual é levado ao conhecimento dos proprietários ou acionistas pela Demonstração do Resultado do Exercício, serão computados as receitas e os rendimentos ganhos no período, independentemente da sua realização em moeda. Da mesma forma, serão reconhecidos os custos, despesas, encargos e perdas, pagos ou incorridos, que correspondam a essas receitas. Em resumo, para toda e qualquer receita realizada, devem-se registrar, no mesmo período, as despesas e custos referentes a elas.

A contabilidade está calcada sobre o princípio econômico da competência dos exercícios, o qual, na maioria das vezes, está totalmente dissociado do regime de caixa ou da efetiva entrada do dinheiro na empresa.

A empresa apresenta, basicamente, três ciclos: de produção, financeiro e econômico. As demonstrações financeiras tradicionais, Balanço Patrimonial e Demonstração de Resultado do Exercício, são essencialmente econômicos, ou seja, não guardam proporção com a movimentação do dinheiro, conforme demonstra a figura 2.

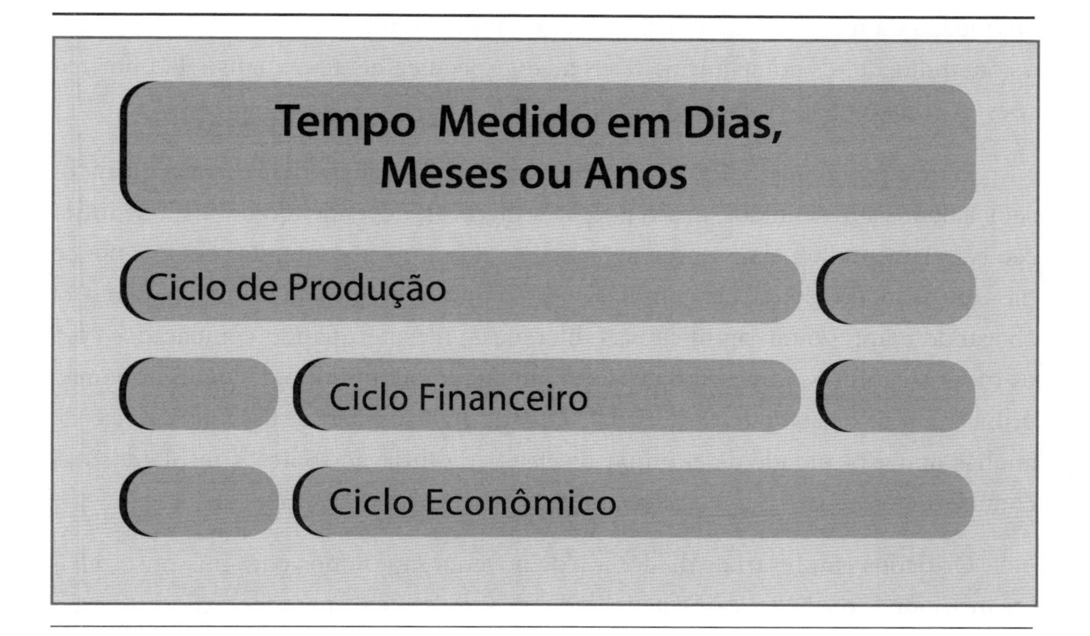

Figura 2: Os Ciclos da Empresa

A abordagem financeira é diferenciada da econômica. A primeira está respaldada no regime de caixa e a segunda no regime de competência dos exercícios.

1.3. Valores Correntes ou Nominais — Valores Datados ou Indexados

É importante entender o significado de valores correntes ou nominais, especialmente quando se manuseia ou analisa demonstrações contábeis e financeiras, como, por exemplo, Balanços Patrimoniais, Demonstrações de Fluxos de Caixa e Demonstrações de Resultados do Exercício.

O sistema de contabilização utilizado no Brasil é totalmente desindexado, ou seja, a contabilidade, a título de ilustração, soma os valores das receitas dia a dia para apurar o valor mensal e anual dessa conta. Dessa forma, contraria-se uma regra fundamental de finanças, que estabelece que valores monetários apenas sejam comparáveis se estiverem no mesmo instante de tempo ou se estiverem expressos em moeda da mesma data. O leitor deve estar ciente que não há nada errado com a contabilidade, os comentários referem-se especificamente a análise de informações. A contabilidade sempre está com a razão.

Essa suposta "anomalia" do critério de contabilização poderá distorcer a análise dos dados apresentados, e isso poderá se agravar, dependendo do nível de inflação experimentado pela economia. No início dos anos noventa, do século a pouco passado, os dados contábeis nominais eram muito diferentes de um ano para outro, chegando a apresentar significativas diferenças, mesmo quando comparados com os meses seguintes, impossibilitando totalmente qualquer tipo de análise que não utilizasse indexação ou os índices da chamada análise estática. Esse último tipo de análise tem a faculdade de eliminar os efeitos da inflação sobre os resultados das contas, pois compara percentuais e proporções e não valores monetários.

Os dados empresariais da década de noventa são ótimos para ilustrar os efeitos inflacionários. Didaticamente falando, fica muito fácil entender o conceito, pois o leitor rapidamente percebe os efeitos devastadores da inflação. Esta razão justifica a utilização, aqui ilustrada, de dados tão antigos. Naquela época, o Brasil experimentou níveis inflacionários muito elevados de dois dígitos, ao mês. De acordo com o quadro 2, o Índice Geral de Preços (Disponibilidades Internas - Coluna Dois), da Fundação Getúlio Vargas (IGP-DI), alcançou 2.708,17% no ano de 1993 e, com o advento o Plano Real, caiu posteriormente para 14,78% ao ano, em 1995.

ÍNDICE / INSTITUTO	1990	1991	1992	1993	1994	1995
INPC RESTRITO / IBGE	1585,18%	475,11%	1149,10%	2489,10%	929,32%	21,98%
IPCA AMPLO / IBGE	1620,96%	472,69%	1119,09%	2477,15%	916,43%	22,41%
ICV / DIEESE1[2]	1849,68%	602,87%	1127,50%	2702,70%	1083,25%	46,19%
IPC / FIPE-USP	1639,08%	548,15%	1129,60%	2491,00%	941,32%	23,16%
IGP-DI / FGV	1476,71%	480,23%	1157,83%	2708,17%	1093,89%	14,78%
IGP-M / FGV	1699,70%	458,37%	1174,47%	2567,46%	1246,62%	15,25%

QUADRO 2: Índices Selecionados — Variações Anuais

[1] DIEESE - Entidade de estudos estatísticos e econômicos ligada ao movimento sindical.

Nesse contexto econômico, com níveis de perda de poder aquisitivo da moeda tão expressivos, observando o quadro 3 constata-se a impossibilidade de comparar os resultados contábeis e saber se as receitas operacionais líquidas apresentaram melhor desempenho quando comparados os valores de 1992 com os de 1993. Caso o Balanço não fosse totalmente indexado, a comparação de valores apenas seria possível por meio de índices, ainda assim com restrições. Para exemplificar, deve-se observar que a Margem Líquida[2] de 1993 foi de 7,8% enquanto que, em 1992, esse mesmo indicador apresentou um resultado de 12,3%, tendo, portanto decrescido quase cinco pontos percentuais.

Entretanto, não se consegue verificar se a Receita Operacional Líquida (ROL) de 1993 havia evoluído positivamente, quando comparada com 1992. A evolução nominal da ROL foi de 1.785%, ou seja, evoluiu de Cr$ 3.371.166,00 em 1992 para CR$ 63.534.239,00 em 1993. A inflação medida pelo IGP-DI foi de 1.157,83% em 1992 e de 2.708,17% em 1993.

Como complicador adicional à inflação, deve-se considerar também que os dados contábeis são o somatório dos valores correntes ou nominais, conforme mostra o quadro 3, ou seja, a contabilidade foi simplesmente "somando" as receitas diariamente para apurar o valor anual dessa conta, ignorando se ela era reajustada ou não, mensalmente, para acompanhar a inflação e, consequentemente, preservar o valor da moeda.

Para apurar o total do ano da Receita Operacional Bruta, no valor de R$ 63.534.239, a contabilidade somou os valores correntes da receita, dia após dia, de 1º de janeiro até 31 de dezembro de 1993. E ainda, se não bastassem todos esses problemas, durante esse ano o País utilizou duas moedas[4].

---

[2] Divisão do Lucro Líquido do Exercício pelo Patrimônio Líquido.

[3] Não se utiliza o vocábulo milhares nas tabelas, como encontramos em algumas demonstrações publicadas. Assim, este foi substituído por milhões, por se tratar de dinheiro. Milhares, pela norma, só se aplica a objetos.

[4] De 16/03/90 a 31/07/93 a moeda brasileira era o Cruzeiro e de 01/08/93 a 30/06/94 era o Cruzeiro Real.

GCH Indústria e Comércio - Demonstração do Resultado do Exercício (Cruzeiros corrente)			
Item	1992	1993	Variação Nominal
Receita Operacional Bruta	R$ 3.371.167,00	R$ 63.534.239,00	1785%
Deduções da Receita Operacional Bruta	-R$ 412.482,00	-R$ 7.979.900,00	1835%
Receita Operacional Líquida	R$ 2.958.684,00	R$ 55.554.339,00	1778%
Custo das Mercadorias Vendidas	-R$ 1.678.186,00	-R$ 42.744.120,00	2447%
Lucro Bruto	R$ 1.280.498,00	R$ 12.810.219,00	900%
Despesas com Vendas	-R$ 27.338,00	-R$ 459.671,00	1581%
Despesas Gerais e Administrativas	-R$ 68.346,00	-R$ 1.243.737,00	1720%
Depreciação e Amortização	-R$ 136.691,00	-R$ 2.563.657,00	1776%
Resultado Financeiro	R$ 100.240,00	R$ 1.812.182,00	1708%
Outras	-R$ 250.601,00	-R$ 4.701.853,00	1776%
Lucro antes do IR e da Contribuição Social	R$ 897.762,00	R$ 5.653.483,00	530%
Imposto de Renda e Contribuição Social	-R$ 534.062,00	-R$ 1.312.684,00	146%
Lucro Líquido do Exercício	R$ 363.700,00	R$ 4.340.799,00	1094%
Margem Líquida	12,3%	7,8%	

QUADRO 3: **Demonstração do Resultado em Milhões[3] de Cruzeiros.**

O quadro 4 mostra as Receitas mensais dos dois exercícios, utilizando os mesmos dados do quadro 3, agora, entretanto, com um detalhamento mensal. Pode-se observar que o valor da receita de janeiro de 1993, no valor de Cr$ 671.609, guarda pouca ou nenhuma relação nominal com a receita de dezembro do mesmo ano, no valor de CR$ 18.187.180, sendo o aumento nominal entre esses meses na ordem de 2.608% ((CR$ 18.187.180 / Cr$ 671.609 – 1) x 100).

[5] Evolução de fevereiro em relação a janeiro = ((R$ 899.956,00 / R$ 671.609,00) – 1) x 100) = 34%

Mês	1992	1993	Evolução percentual, mensal da ROB
Janeiro	R$ 64.471,00	R$ 671.609,00	-
Fevereiro	R$ 79.944,00	R$ 899.956,00	34%[5]
Março	R$ 99.285,00	R$ 1.215.613,00	35%
Abril	R$ 122.494,00	R$ 1.611.862,00	33%
Maio	R$ 152.151,00	R$ 2.236.459,00	39%
Junho	R$ 188.899,00	R$ 2.981.945,00	33%
Julho	R$ 234.028,00	R$ 3.895.334,00	31%
Agosto	R$ 296.565,00	R$ 5.037.070,00	29%
Setembro	R$ 386.823,00	R$ 6.716.093,00	33%
Outubro	R$ 446.781,00	R$ 8.059.312,00	20%
Novembro	R$ 553.802,00	R$ 12.021.806,00	49%
Dezembro	R$ 745.924,00	R$ 18.187.180,00	51%
Total	R$ 3.371.167,00	R$ 63.534.239,00	

QUADRO 4: Evolução da Receita Operacional Bruta em moeda corrente (Valores mensais em milhões de Cruzeiros).

Quando comparados os dados contábeis em moeda corrente, surge um dilema: como saber se a Receita Operacional Bruta (ROB) de 1993 evoluiu positivamente quando comparada com 1992?

O uso de índices como a Margem Líquida, por exemplo, mostra uma piora de 12,3% em 1992 para 7,8% em 1993, mas o analista nunca saberia qual das duas contas, a ROL ou o LLE (Lucro Líquido do Exercício), foi a responsável por essa melhora? Assim, a única forma de responder a essa questão, é transformar os valores nominais ou correntes da ROL dos anos de 1992 e 1993, em moeda do dia 31 de dezembro de 1993.

O quadro 5 apresenta, nas colunas "2" e "6", os valores da ROB em moeda corrente (valores nominais) dos respectivos anos. As colunas "3" e "7" contêm o valor do número índice[6] do IGP-DI da FGV do respectivo mês. Pela simples divisão dos valores mensais da ROB, pelo número índice do IGP-DI, encontramos a Receita em número de IGP-DI's, cujos valores foram anotados nas colunas "4" e "8". Uma vez que a ROB esteja expressa em "moeda forte", livre dos efeitos da inflação (IGP-DI), basta multiplicá-los pelo valor do IGP-DI na data em que se deseja efetuar a comparação. No exemplo do quadro 5, utilizamos o dia 31 de dezembro de 1993, cujo número índice do IGP-DI era de 8,9895. Dessa forma, as colunas "5" e "9" fornecem os valores da ROB expressos em moeda do dia 31 de dezembro de 1993, os quais, agora, são comparáveis entre si.

É muito usual que alguns analistas transformem as informações contábeis em dólares, entretanto, aconselhamos para que se evite esse tipo de indexação, pois, como todos sabem, o Dólar é, antes de qualquer coisa, uma mercadoria, e o seu valor oscila em função do mercado, trazendo enormes distorções sobre os dados analisados.

Mês	Receita Operacional Bruta (ROB) - 1992				Receita Operacional Bruta (ROB) - 1993			
	ROB em Valor Corrente	Número índice do IGP-DI	ROB em Número de IGP-DI's	ROB em Moeda de 31/12/1993	ROB em Valor Corrente	Número índice do IGP-DI	ROB em Número de IGP-DI's	ROB em Moeda de 31/12/1993
1	2	3	4	5	6	7	8	9
Janeiro	R$ 64.471,00	0,03228	1.997.193	R$ 17.953.769,87	R$ 671.609,00	0,41209	1.629.763	R$ 14.650.753,73
Fevereiro	R$ 79.944,00	0,04028	1.984.549	R$ 17.840.106,74	R$ 899.956,00	0,52134	1.726.253	R$ 15.518.149,49
Março	R$ 99.285,00	0,04862	2.041.985	R$ 18.356.426,70	R$ 1.215.613,00	0,66632	1.824.374	R$ 16.400.206,90
Abril	R$ 122.494,00	0,05764	2.125.293	R$ 19.105.317,53	R$ 1.611.862,00	0,85429	1.886.794	R$ 16.961.337,83
Maio	R$ 152.151,00	0,07058	2.155.858	R$ 19.380.089,07	R$ 2.236.459,00	1,12996	1.979.237	R$ 17.792.353,87
Junho	R$ 188.899,00	0,08569	2.204.369	R$ 19.816.175,89	R$ 2.981.945,00	1,47709	2.018.797	R$ 18.147.976,48
Julho	R$ 234.028,00	0,10428	2.244.227	R$ 20.174.479,34	R$ 3.895.334,00	1,94917	1.998.458	R$ 17.965.136,44
Agosto	R$ 296.565,00	0,13091	2.265.359	R$ 20.364.448,66	R$ 5.037.070,00	2,60272	1.935.310	R$ 17.397.469,10

[6] Após constituir uma base igual a 100,00 em agosto de 1994, a FGV vem sistematicamente atualizando-a pela variação mensal da inflação. Em dezembro de 2003 essa base corrigida pela inflação do IGP-DI já alcançava 294,455.

Setembro	R$ 386.823,00	0,16674	2.319.862	R$ 20.854.395,71	R$ 6.716.093,00	3,56547	1.883.649	R$ 16.933.060,16
Outubro	R$ 446.781,00	0,20833	2.144.583	R$ 19.278.729,90	R$ 8.059.312,00	4,81838	1.672.619	R$ 15.036.004,89
Novembro	R$ 553.802,00	0,25879	2.139.992	R$ 19.237.454,27	R$ 12.021.806,00	6,59925	1.821.693	R$ 16.376.107,14
Dezembro	R$ 745.924,00	0,32012	2.330.146	R$ 20.946.847,26	R$ 18.187.180,00	8,98950	2.023.158	R$ 18.187.180,00
Total	R$ 3.371.167,00		5.953.417	R$ 233.308.240,96	R$ 63.534.239,00		2.400.104	R$ 201.365.736,03

QUADRO 5: **Demonstração do Resultado em moeda corrente com valores mensais indexados**

O quadro 6 resume a ROB dos anos de 1992 e 1993 em moeda corrente, apresentada nas colunas "2" e "6", cujos valores impedem qualquer tipo de comparação. Entretanto, os valores da ROB das colunas "5" e "9" são expressos em moeda forte, pois foram atualizados para 31 de dezembro de 1993 pelo IGP-DI e mostram, assim, que as receitas do ano de 1993 apresentaram uma redução de 13,69% ((201.365.736,03 / 233.308.240,96 – 1) x 100) quando comparadas com a ROB de 1992. Explicando melhor, a indexação dos valores é a única forma de revelar essa perda, pois considera o impacto inflacionário.

Receita Operacional Bruta (ROB)			
1992		1993	
ROB em Valor Corrente	ROB em Moeda de 31/12/1993	ROB em Valor Corrente	ROB em Moeda de 31/12/1993
2	5	6	9
R$ 3.371.167,00	R$ 233.308.240,96	R$ 63.534.239,00	R$ 201.365.736,03

QUADRO 6: **Comparativo da demonstração do resultado em moeda corrente, valores mensais indexados**

Entretanto, leitor menos avisado pode ser levado a pensar que dominada a inflação a partir do Plano Real em julho de 1994, esse problema não mais afligiria a economia brasileira. Isso é um engano: o quadro 7 mostra que o aumento nominal da ROL de uma importante empresa no segmento de supermercados nos anos 2003 e 2002, foi de 14,29% ((R$ 10.806 / R$ 9.455 – 1) x 100), todavia, quando indexada ao IGP-M[7], a situação real de evolução da ROL da mesma empresa mostra uma variação negativa de 7,44% ((R$ 11.046,66/ R$ 11.610,50 – 1) x 100).

Receita Operacional Líquida (ROL) – Em milhões de Reais			
2003		2002	
ROL em valor corrente -2003	ROL em moeda de 31/12/2003	ROL em valor corrente - 2002	ROL em moeda de 31/12/2003
2	5	6	9
R$ 10.806	R$ 11.046,66	R$ 9.455	R$ 11.610,50

QUADRO 7: **Demonstração do resultado em moeda corrente. Valores anuais indexados**

Em resumo, podemos concluir que os valores correntes, também chamados de valores nominais, são a simples soma dos valores contábeis registrados no dia-a-dia, aglutinados num determinado período de tempo, meses ou anos, sem considerar os eventuais efeitos da inflação sobre essas mesmas contas. Os valores expressos em moeda corrente são incomparáveis entre si e as respectivas análises, com restrições, apenas podem ser feitas com a utilização de índices.

Já os valores indexados, também chamados de moeda forte, representam os dados contábeis expressos em moeda de uma determinada data, deflacionados ou inflacionados por meio de um indexador como o IPCA do IBGE ou o IGP-M da FGV, por exemplo, cuja comparação direta não apresenta restrições.

[7] Número índice médio do IGP-M de 2003 = 288,04 e 232,85 para 2002. Número índice do IGP-M de 31 de dezembro de 2003 = 294,455. Cálculo para 2003: R$ 10.806 / 288,04 * 294,455 = R$ 11.046,66. Cálculo para 2002: R$ 9.455 / 232,85 * 294,455 = R$ 11.956,50.

1.4. Transparência e Confiabilidade em Resultados Contábeis

Existem duas dificuldades nas bibliografias dos cursos de Administração, Ciências Contábeis e Ciências Econômicas. Tais cursos, quando ensinados nas escolas de negócios, cujo objetivo é preparar os alunos para o mercado de trabalho, contam com poucos exemplos práticos voltados para o dia a dia dos estudantes.

Como primeiro ponto, a quase totalidade do material de leitura que, em linguagem acadêmica também é chamado de "referencial teórico", está voltado para a indústria, enquanto que, nos dias de hoje 85% das organizações são constituídas para atuar nas áreas de comércio e serviços. O segmento industrial representa apenas 14% do total das empresas do Brasil[8]. Há uma verdadeira legião de empresas de atendimento telefônico, informática, restaurantes, conservação e limpeza, vigilância, aluguel de veículos, lojas de eletrodomésticos, vestuário e oficinas de consertos, entretanto, pouco ou quase nada é escrito com intuito acadêmico para os empreendimentos de comércio e serviços, que dominam o mercado atual dos negócios.

Em segundo lugar, a literatura existente quanto às citações e exemplos práticos é quase inteiramente voltada para grandes empresas, quando, na realidade, essas organizações representam apenas 1% do total. No Brasil, do total de companhias, 93,1% são microempresas e 5,9% são pequenas empresas[9]. Segundo a RAIS-MTE-2010, 94% das empresas são optantes do Simples (quadro 6). A literatura é constituída de *cases* de empresas organizadas sob a forma de sociedades anônimas, quando o total dessas entidades no Brasil não chega a cinquenta mil.

Também é especialmente representativo o conteúdo bibliográfico que se refere ao mercado acionário e bolsas de valores, ainda que tenhamos menos de 500 empresas listadas na Bolsa de Valores de São Paulo – BM&FBovespa.

---

[8] Segundo a RAIS / 2010 (MTE), o setor de indústria responde por cerca de 15% do total de empresas, o setor de comércio por 52% e o de serviços por 33%.

[9] Sebrae: http://gestaoportal.sebrae.com.br/customizado/estudos-e-pesquisas/anuario-do-trabalho-na-mpe/anuario-do-trabalho-na-micro-e-pequena.pdf.

Total	Comércio	Indústria	Serviço	Construção civil	Optantes pelo simples
6.405.122	3.155.317	696.632	2.222.834	330.339	6.046.435
100%	49,3%	10,9%	34,7%	5,2%	94,4%

QUADRO 8: **Distribuição do número de empresas no Brasil**
FONTE: Sebrae anuário do trabalho na MPE

Os dois problemas anteriormente mencionados resultam em pouco material de leitura, com foco em comércio e serviços, isso sem dizer que exemplos de casos e situações de grandes empresas, afastam as universidades da vida diária dos estudantes e leitores, tornando o trabalho dos professores mais difícil. Quando o professor fala em ações, debêntures, sociedades anônimas ou *leasing*, explica o inimaginável, pois tais fatos estão longe da vida diária prática dos alunos e dos leitores.

Felizmente, por outro lado, de certa forma, as duas lacunas citadas são largamente compensadas, pois os professores das escolas de negócios, especialmente das instituições particulares, dedicam-se paralelamente a atividades empresariais nas mesmas áreas em que atuam como educadores, ficando o ensino universitário como um complemento do aperfeiçoamento profissional. Assim, estes professores trazem para a sala de aula a praticidade que falta nos livros. Isso, entretanto, deverá perder-se num futuro próximo, pelo menos em grande parte, dada a pressão exercida pelas autoridades educacionais na eliminação desse tipo de professor, denominado de "horista", substituindo-o por um professor com regime de trabalho em tempo integral ou com "dedicação exclusiva", na linguagem do setor educacional.

Ainda, em relação aos professores, as escolas particulares da área de negócios nasceram pequenas e não podiam oferecer trabalho de tempo integral a tais profissionais, criando um grupo de professores com dedicação parcial, uma prática comum nesse mercado, mais como um complemento de trabalho ou de realização do que como fonte de renda.

Quanto à bibliografia, nenhuma crítica ao sistema. Ocorre que o setor de serviços vem assumindo posições de destaque, crescente desde o ano de 1980, e a literatura ainda não teve o devido tempo de adaptar-se à nova realidade.

Então, pouco ou nenhum referencial teórico é encontrado com foco nas empresas de comércio e serviços, especialmente com resultados de pesquisas acadêmicas voltadas à superação das dificuldades e restrições ao processo de análise que será descrito a seguir.

O maior problema, porém, reside na transparência e confiabilidade das informações. Poucas empresas, exceto as que possuem capital aberto e negociam suas ações nas bolsas de valores oferecem alguma forma de visibilidade sobre os dados das suas operações, bem como têm suas demonstrações firmadas e atestadas por profissionais especificamente preparados para tal fim.

1.5. Visibilidade das Informações Operacionais e Contábeis das Empresas

Analisar com precisão a saúde financeira ou os resultados contábeis de uma organização é uma tarefa quase impossível.

Acreditamos que seja desestimulante para qualquer um encontrar logo no início de um trabalho sobre análise da situação de financiamento empresarial uma afirmação como essa. No entanto, a prática empresarial tem mostrado que até os maiores especialistas mundiais ou as mais renomadas e conceituadas empresas de auditoria não conseguem entender e prognosticar com exatidão as informações contábeis e financeiras de uma organização. Assim, a avaliação torna-se muito complexa, especialmente em operações de crédito, pelo risco envolvido.

Não se pode negar que é possível verificar uma tendência, observando uma série histórica de dados econômico-financeiros, especialmente de degradação da situação financeira de uma empresa, para, posteriormente, fazer um diagnóstico e uma previsão. Mas afirmar com certeza a existência ou não de condição de risco na empresa em análise é temerário, podendo mesmo comprometer a reputação do analista. A história ensina que inúmeros casos de insolvência em grandes organizações, que normalmente são mais transparentes, surgiram do nada, surpreendendo o mercado da noite para o dia. Foram os casos da Enron, da MCI, da Parmalat e da PanAmerican, por exemplo.

Deve-se aqui explicar que essa dificuldade de análise deve-se principalmente a quatro fatores: (i) falta de padronização de informações contábeis em todos os níveis, internacional e nacional, (ii) detalhamento das demonstrações financeiras, (iii) publicidade das informações contábeis e (iv) confiabilidade dos dados.

A seguir, passaremos a fazer um breve comentário sobre cada uma dessas condições.

1.6. Padronização de Informações Contábeis

No Brasil e no mundo, a padronização dos dados contábeis é relativa. Embora os conceitos e princípios de contabilidade sejam universais, existem inúmeras aberturas nas normas e regulamentos que permitem às empresas a apresentação de suas demonstrações financeiras de maneiras diferentes.

Para os mais jovens devemos dizer que, antes do advento da Lei 6404/76 (Lei das Sociedades por Ações), a confusão era generalizada e a análise impossível. Exageros à parte, cada Contador definia suas próprias regras. Apenas para mencionar um caso, não havia na legislação uma definição clara para contas de curto e longo prazo, razão pela qual não era possível saber se os valores contabilizados no circulante de determinada organização correspondiam a um período menor que 360 dias, como é praticado hoje. O Contador poderia ter adotado o prazo de 90 dias para contabilizar fatos contábeis no circulante, por exemplo. Caso as contas ultrapassassem esse prazo, ele as contabilizaria no grupo de longo prazo. Entretanto, a Lei 6404/76 trouxe padronizações e definições ao mercado, com um benefício inegável aos acionistas minoritários e investidores os quais, antes da promulgação da Lei, estavam sem orientação. Outro importante avanço brasileiro foi a criação da Comissão de Valores Mobiliários (CVM) no mesmo ano de 1976 (Lei 6385/76), disciplinando o funcionamento do mercado de valores mobiliários, bem como a ação dos seus atores: companhias abertas, intermediários financeiros e investidores. A sua correspondente americana chama-se SEC – Securities and Exchange Commission.[10]

---

[10] http://www.sec.gov/

Na comparação de dados com outros países, o problema de diferença de critérios continua sendo grave, pois as normas contábeis geralmente aceitas variam muito e produzem resultados consideravelmente diversos. Os chamados GAAPs[11] possuem peculiaridades que mudam a cada fronteira. É prática comum no mercado, quando um analista afirma que o lucro de uma determinada multinacional italiana, operando no Brasil, por exemplo, foi de "$$$", efetuar-se a pergunta imediata: de quais resultados estamos falando? – US GAAP, Brazilian GAAP ou Italian GAAP? O lucro líquido do exercício da mesma empresa, no mesmo período e com os mesmos dados apurados, sob a ótica dos diferentes "GAAPs", produz resultados substancialmente diversos, conforme se observa no quadro 9 a seguir. Em alguns casos mais extremos, podem ir do lucro apurado sob um GAAP para prejuízo quando recalculado em outro.

<table>
<tr><th colspan="5">Empresa M3.</th></tr>
<tr><td colspan="2">DEMONSTRAÇÃO DO RESULTADO</td><td></td><td colspan="2">Valores em Milhares de Reais de 31 de dezembro de X3</td></tr>
<tr><td colspan="2">PADRÃO BRASILEIRO
Brazilian GAAP</td><td></td><td colspan="2">PADRÃO AMERICANO
US GAAP</td></tr>
<tr><td colspan="2">Lucro Líquido do Exercício (LLE)</td><td></td><td colspan="2">Lucro Líquido do Exercício</td></tr>
<tr><td>X3</td><td>X2</td><td></td><td>X3</td><td>X2</td></tr>
<tr><td>R$ 587.653</td><td>R$ 1.179.175</td><td></td><td>R$ 417.032</td><td>R$ 682.820</td></tr>
</table>

Quadro 9: Demonstração de Resultados – Brazilian GAPP e US GAAP

Deve-se observar que o valor do LLE (Lucro Líquido do Exercício) da Empresa M3 em X2, segundo o US GAAP, foi reduzido praticamente à metade quando comparado com o apurado pela norma brasileira. Já no quadro 10 pode-se observar exatamente o contrário, pois o LLE da Empresa M4 de X2 aumentou, quando calculado pela norma contábil americana. Esses dois exemplos não devem levar nenhuma suspeita ou temor ao analista, pois se tratam apenas da aplicação de normas e critérios diferentes sobre os mesmos dados e elementos, pois o país "A", por vezes apresenta uma norma mais conservadora num determinado quesito, enquanto em outro é mais flexível.

[11] Generally Accepted Accounting Principles (Princípios Contábeis Geralmente Aceitos).

De modo geral é prática corrente no mercado financeiro que a norma americana (US GAAP) é mais rígida e conservadora que a brasileira ou a europeia. Dessa forma, os seus resultados (americanos) sempre serão menores, quando vistos pela média. Para ilustrar esta afirmação mencionamos o caso da montadora dos famosos carros que ostentam a marca Mercedes Benz, que em 1993 (Daimler-Benz AG), decidiu listar suas ações na NYSE[12], por este motivo foi obrigada a revisar suas demonstrações contábeis segundo o USGAAP. Assim, segundo as regras americanas o pequeno lucro apresentado no período pela norma contábil alemã, no primeiro trimestre de 1993, transformou-se num colossal prejuízo de US$ 592 milhões, especialmente devido ao tratamento de reservas (Brealey, 1995), segundo a norma americana.

Empresa M4			
DEMONSTRAÇÃO DO RESULTADO		Valores em Milhares de Reais de 31 de dezembro de X3	
PADRÃO BRASILEIRO Brazilian GAAP		PADRÃO AMERICANO US GAAP	
Lucro Líquido do Exercício		Lucro Líquido do Exercício	
X3	X2	X3	X2
R$ 120.802	R$ 65.774	R$ 112.014	R$ 87.992

Quadro 10: **Demonstração de Resultados em Brazilian GAPP e US-GAAP**
FONTE: Securities and Exchange Commission (Form 20F)

Outro exemplo gritante foi o apresentado pela gigante mundial da telefonia celular, a britânica Vodafone. Em 2003, segundo as regras britânicas que permitem a dedução do ágio pago pelas licenças de telefonia celular adquirida, a Companhia apresentou um lucro de 11,6 bilhões de Euros, entretanto, esta mesma conta de resultados, quando elaborada segundo o padrão internacional, transformou-se no estratosférico prejuízo de 17,4 bilhões de Euros.

[12] NYSE – New York Stock Exchange (Bolsa de Valores de Nova Iorque)

Na mesma linha, os resultados abaixo, apontados no quadro 11, mostram o Lucro Líquido do Exercício de X3 em proporção, de uma importante multinacional europeia[13] atuando no Brasil, quando apurado pelas três normas.

O mesmo resultado, apurado sob a norma americana, é 17% menor que o critério do país europeu. Nesses dados, pode-se observar que a norma brasileira foi mais rígida que a do país europeu em questão, produzindo um LLE quase 10% menor.

Lucro Líquido do Exercício (X3)	
GAAP	**Proporção**
Americano	92
Brasileiro	100
País Europeu	110

Quadro 11: LLE segundo Brazilian GAPP, GAAP de País Europeu e US-GAAP

A União Europeia está desenvolvendo um enorme esforço no sentido de padronizar as normas contábeis do continente, entretanto, se os países de língua inglesa não seguirem o mesmo caminho, notadamente os Estados Unidos e a Inglaterra, o esforço não será completo. Para ter uma ideia, a norma adotada pela União Europeia (U.E.) apresenta as contas do balanço patrimonial na ordem inversa da brasileira e americana, conforme demonstrado no quadro a seguir. Isso quer dizer que, no Ativo, o grupo do Diferido aparece na primeira linha, depois os investimentos, imobilizados, etc. e por último o caixa, conforme as normas europeias (4ª Diretriz da U.E.). No Brasil, assim como nos Estados Unidos, seguimos a ordem decrescente de liquidez. A norma europeia apresenta a ordem direta de liquidez, do menos para o mais líquido, portanto, ao contrário.

[13] Como forma de proteger os dados da empresa, embora seja uma companhia aberta no Brasil e na Europa, transformamos os dados em proporção.

ATIVO PADRÃO BRASILEIRO
Disponível
Aplicações Financeiras
Duplicatas a Receber
Adiantamentos a Fornecedores
Estoques
Ativo Circulante
Realizável em Longo prazo
Ativo Imobilizado
TOTAL DO ATIVO

ATIVO PADRÃO EUROPEU
Ativo Imobilizado
Realizável em Longo Prazo
Estoques
Adiantamentos a Fornecedores
Duplicatas a Receber
Aplicações Financeiras
Disponível
Ativo Circulante
TOTAL DO ATIVO

QUADRO 12: Balanço Patrimonial — Padrão Brasileiro e Europeu — Diferenças na apresentação

É interessante observar, independentemente do país, que as autoridades responsáveis pela boa prática contábil têm exigido das empresas que a contabilidade reflita cada vez mais situações fáticas de mercado, ao invés de meros registros históricos. Isso se explica em razão de que os dados históricos da contabilidade nem sempre refletem o real valor dos ativos e passivos das companhias. No Brasil, um exemplo importante que ilustra este fato é a obrigação determinada pelo BACEN de que os bancos devem atualizar periodicamente os valores dos títulos dos seus fundos aos preços de mercado, a chamada "Marcação à Mercado". Isso quer dizer, que se um título com valor de face de R$ 1.000,00, por exemplo, estiver valendo no mercado R$ 950,00, por exemplo, o banco deve rever o valor das cotas do fundo, para menor no caso, em prejuízo dos cotistas.

Uma coisa é certa, os contabilistas e financistas das empresas devem cada vez mais ser transparentes e refletir em relatórios a real situação das empresas, mesmo que isso resulte em prejuízos ocasionais. Brealey (1995) menciona o exemplo da General Motors que num destes ajustes obrigou-se a revisar obrigações futuras com seus empregados reconhecendo valores relativos a assistência à saúde e fundo de pensão, que resultaram no maior prejuízo trimestral da história dos Estados Unidos. Isso prejudica os acionistas? Em parte dir-se-ia que sim, entretanto, em longo prazo eles serão altamente beneficiados especialmente se as companhias realizarem os ajustes de forma sistemática e periódica, evitando surpresas e intranquilidades ao mercado. Nada é pior no mercado financeiro que a falta de confiança dos analistas nos resultados e práticas das empresas, trata-se de uma doce ilusão, pois quanto menor a transparência mais difícil o crédito e também mais caro.

As alterações introduzidas na norma contábil brasileira pela Lei nº 11.638/07, especialmente as que se referem ao registro de ativos pelo valor de mercado e não mais pelo histórico, por certo trarão mais transparência aos resultados das empresas, pois refletirão valores contábeis mais condizentes com a realidade das empresas.

1.7. Nível de Detalhamento das Informações Contábeis Publicadas pelas Empresas

Por outro lado, como segundo ponto, as demonstrações contábeis quando vistas de fora da empresa, não apresentam detalhamento necessário ao completo entendimento da situação financeira. Para o leitor menos experiente, mesmo uma análise básica de demonstrações contábeis revela dificuldade para estabelecer qualquer conclusão, especialmente se for sobre a saúde financeira da empresa.

As grandes corporações, entre estas apenas as listadas em bolsa, são as únicas empresas a oferecer à sociedade algum tipo de informação sobre o negócio, detalhando-a em notas explicativas e apresentando informações de forma periódica (normalmente trimestral). Organizações como a Oi[14], um dos destaques no mercado de ações brasileiro, cujo negócio é oferecer aos clientes soluções completas de telefonia, atuando nas regiões leste e norte do Brasil, com faturamento de cerca de R$ 28,4 bilhões em 2013[15], revelam um conjunto enorme de dados a disposição dos investidores. Ademais, a empresa, além de listada na BM&FBovespa, também possui ADRs[16] comercializados na Bolsa de Nova Iorque. Assim, trimestralmente, fornece ao mercado detalhadas informações sobre os seus resultados, bem como

[14] Oi (www.oi.com.br). Depois - http://ri.oi.com.br/oi2012/web/default_pt.asp?idioma=0&conta=28

[15] http://ri.oi.com.br/oi2012/web/conteudo_pt.asp?idioma=0&conta=28&tipo=43589

[16] ADR – American Depositary Receipts: recibos representativos de ações da companhia negociadas no mercado americano.

dados significativos e representativos das suas operações. Navegando em seu site na Internet, podem-se encontrar:

- Relatórios da administração da companhia desde 2012, que apresentam um detalhamento e explicações sobre a evolução dos resultados;
- Relatórios trimestrais de desempenho econômico-financeiro elaborado para o mercado investidor em geral;
- Relatórios trimestrais enviados para a CVM (Comissão de Valores Mobiliários), chamados de ITR (Informações Trimestrais);
- Relatórios anuais enviados para a CVM, chamados de IAN (Informações Anuais);
- Relatórios anuais produzidos para a SEC[17] (Relatórios 20F); extensas peças explicativas sobre o ambiente, desempenho e organização de todos os setores da companhia;
- DFP (Demonstrações Financeiras Padronizadas);
- Atas de reuniões do conselho fiscal e de administração;
- Fatos relevantes e comunicados ao mercado;
- Estrutura organizacional, composição dos conselhos de administração e fiscal, e informações sobre os controladores e principais acionistas.

Além desses exemplos pontuais apenas encontrados nas grandes companhias listadas em bolsa, o leitor ficará frustrado com o nível de informação que poderá encontrar sobre as empresas de modo geral. A transparência absolutamente não existe e as empresas, amparadas pela legislação brasileira e pelo sigilo absoluto proporcionado pelas normas, escondem da sociedade suas informações, como se temessem alguma coisa. Quando questionadas, uníssonas utilizam as mesmas respostas: essas informações são estratégicas e não podem ser reveladas para a concorrência. É praticamente impossível conhecer o desempenho econômico-financeiro das empresas que estão fora da BM&FBovespa.

[17] SEC - Securities and Exchange Commission, entidade regulamentadora do mercado financeiro e de capitais norte-americano.

Esse mesmo empresário, ao abrigo pela legislação, nega transparência para a sociedade que compra seus produtos e, até mesmo, para os empregados que dela retiram o sustento da família, depois reclama dos elevados níveis de ***spread*** bancário[18] praticados no Brasil. Tal fato acaba por elevar o chamado "custo Brasil", pois aos bancos, na ânsia de protegerem-se contra a inadimplência, absolutamente privados de dados sobre o desempenho das empresas (fornecidos apenas sob demanda e com sérios problemas de reconstituição histórica, acurácia e que não são atestados por auditores independentes), são obrigados a elevar suas margens para fazer frente a tal tipo de risco. Sem dúvida, a variável risco é a maior entre as componentes das taxas nas operações bancárias.

Felizmente, têm surgido iniciativas com o objetivo de melhorar este quadro, dois exemplos notórios são o Novo Mercado BM&FBovespa, segmento de listagem na bolsa para empresas que se comprometem, voluntariamente, com a adoção de práticas de governança corporativa e disclosure adicionais em relação ao que é exigido pela legislação. E, governança corporativa diferenciada que são práticas e relacionamentos entre os acionistas e os gestores executivos: Conselho de Administração, Diretoria Executiva, Auditoria Independente e Conselho Fiscal, com a finalidade de otimizar o desempenho da empresa e facilitar o acesso ao capital. Tais práticas abrangem os assuntos relativos ao poder de controle e direção de uma empresa, bem como as diferentes formas e esferas de seu exercício e os diversos interesses que, de alguma forma, estão ligados à vida das sociedades comerciais[19]. No Brasil, o grande estimulador das práticas de boa governança é o IBGC - Instituto Brasileiro de Governança Corporativa, o único órgão criado com a meta principal de contribuir para otimizar o conceito de Governança Corporativa. Ao abraçar esta missão, o Instituto coopera com o aprimoramento do padrão de governo das empresas nacionais, para seu sucesso e perpetuação. A boa Governança Corporativa assegura aos sócios: equidade, transparência, prestação de contas (***accountability***[20]) e responsabilidade pelos resultados[21].

---

[18] *Spread* bancário é a diferença entre o custo de captação e aplicação do dinheiro pelos bancos.

[19] Fonte: www.bovespa.com.br

[20] *Accountability* é um termo da língua inglesa, sem tradução exata para o português, que remete à obrigação de membros de um órgão administrativo ou representativo de prestar contas à instâncias controladoras ou a seus representados. Outro termo usado numa possível versão portuguesa é responsabilização.

[21] http://www.ibgc.org.br/index.php

1.8. Publicidade das Informações Contábeis das Empresas

A absoluta maioria das empresas não é obrigada a publicar os dados contábeis, por adotarem formas de organização que as liberam dessa transparência (quadro 13). Assim, em casos de financiamentos, empréstimos ou habilitação para limite de crédito, os dados são fornecidos sob demanda e o analista, aqui visto como a empresa ou o banco que está concedendo um limite de crédito para o cliente, de modo a não ficar totalmente desprotegido (já que não se pode confiar na veracidade das informações), analisa e tabula os resultados econômico-financeiros e, paralelamente, exige garantias.

O texto original do Projeto de Lei nº 3.741, que resultou na Lei nº 11.638/07, era uma tentativa de dar mais transparência a estas demonstrações, infelizmente para a sociedade, o texto publicado da Lei não trouxe este avanço, muito embora contenha outras medidas que ajudam a dar maior visibilidade às demonstrações contábeis das SA's.

As formas de organização por cotas de responsabilidade limitada, chamadas de "companhia limitada", são utilizadas principalmente pelas grandes corporações multinacionais, pois, constituindo uma empresa nesse formato, evitam a fiscalização da CVM e não revelam as informações sobre o seu faturamento, produção, custos, etc. (ver quadro 13). Saberíamos dizer qual foi o faturamento anual das três maiores montadoras de veículos brasileiras no ano de 2013, todas com capital multinacional? Caso o leitor não saiba essa resposta, não se preocupe, pois no mercado ninguém sabe. Todas as três empresas são constituídas sob a forma de limitadas. Para obter algum tipo de informação é necessário acessar o site na Internet da empresa no país de origem. Porque esconder as informações? A resposta é sempre a mesma: os dados são estratégicos. A situação é tão grave, que grandes companhias multinacionais instaladas no Brasil, não raras vezes monopolistas de mercado e que receberam incentivos governamentais para a sua instalação, na forma de isenção de impostos, terrenos ou mesmo na forma de capital público, não revelam para a sociedade as suas informações econômico-financeiras. Ou seja, a sociedade contribui para a instalação destas empresas, mas não pode ter acesso aos seus resultados e informações.

Formas de Organização das Pessoas Jurídicas	Divulgação e Publicação dos Resultados
S/A - Sociedade Anônima de capital aberto	Trimestral[22]
S/A - Sociedade Anônima de capital fechado	Anual
Limitadas e Sociedades Simples	Sem divulgação
Empresa individual de responsabilidade limitada (EIRELI)	Sem divulgação
Empresário Individual	Sem divulgação

Quadro 13: Balanço Patrimonial — Obrigatoriedade de Publicação dos Resultados[22]

Quadro de Obrigações						
Obrigação	SA de Capital Aberto	SA de capital aberto, grande porte	SA de capital aberto, PL reduzido	SA de capital aberto, PL elevado	Limitada, grande porte	Limitada, médio e pequeno porte
Escrituração completa Lei 11.638/97	sim	sim	sim	sim	sim	sim
Balanço patrimonial	sim	sim	sim	sim	sim	sim
Demonstração de resultados	sim	sim	sim	sim	sim	sim
Mutações do PL	sim	sim	sim	sim	sim	sim
Fluxo de caixa	sim	sim	não[23]	sim	sim	não
DVA	sim	não	não	não	não	não
Auditoria das DC's	sim	sim	não	não	sim	não
Publicação das DC's	sim	sim	não[23]	sim	não	não
Sujeitas as normas da CVM	sim	sim	NÃO	não	sim	não
Sujeitas as normas do CFC	sim	sim	sim	sim	sim	sim
Sujeitas a fiscalização da CVM	sim	não	não	não	não	não

Quadro 13.1: Obrigações de transparência das empresas brasileiras

[22] Fica dispensada do DFC, desde que seu PL na data do balanço seja inferior a R$ 2MM.

[23] A S/A de capital fechado fica dispensada da publicação das DC´s, desde que seu PL na data do balanço, seja inferior a R$ 1MM. PL reduzido: Existem dois tetos: PL inferior a R$ 1MM e apresentando em seu quadro, menos de 20 acionistas, fica dispensada de publicar as DC´s. PL inferior a R$ 2MM fica dispensada de apresentação do Fluxo de Caixa. PL elevado: S/A com PL igual ou superior a R$ 2MM. Grande porte: Ativo total superior a R$ 240MM ou Receita bruta anual (receitas contínuas decorrentes do objeto social) superior a R$ 300MM.

Entretanto, A Lei 11.638/07 muda de maneira radical a contabilidade no Brasil. Nenhuma empresa estará isenta de, pelo menos, aderir às novas normas contábeis, equivalentes às normas internacionais (IASC GAAP). O quadro abaixo demonstra as principais alterações e obrigatoriedades. Se sua empresa se enquadra em alguma dessas exigências.

- Algumas empresas, constituídas sob a forma de sociedades anônimas, notadamente as empresas com ações negociadas na bolsa de valores, estão obrigadas a publicar trimestralmente os resultados e o fazem utilizando vários expedientes:

- Conferências com investidores, nas quais o diretor de relações com o mercado e os principais executivos explicam detalhadamente os resultados e respondem às perguntas dos investidores;

- Envio do relatório trimestral (ITR) e do anual (IAN) para a Comissão de Valores Mobiliários (CVM);

- Publicação das demonstrações financeiras e notas explicativas nos principais jornais e na página da empresa na internet.

A questão da transparência das informações contábeis nas grandes corporações é um problema menor. Navegar pelas páginas da internet dessas empresas é realmente uma aula de organização e informação. Empresas como Natura Cosméticos[25], juntamente com o Banco do Brasil, Pão de Açúcar, Nossa Caixa, Sabesp, apenas para mencionar algumas, constituem-se num conjunto organizado e transparente de informações a disposição dos acionistas.

É possível destacar ainda a Companhia de Cigarros Souza Cruz[26], um dos maiores grupos privados brasileiros, subsidiária do grupo British American Tobacco, que possui operações em cerca de 180 países. Criada em 1903, a companhia atende diretamente a cerca de 200 mil pontos de venda e atinge 74,6% de partici-

[24] Embora a empresa esteja obrigada à publicação trimestral dos resultados, sempre que um "fato relevante" acontecer no âmbito da organização, esse deverá ser comunicado ao mercado naquele momento. Para as S/As de capital fechado, a publicação torna-se obrigatória somente quando o grupo do Patrimônio Líquido ultrapassar a casa de R$ 1 milhão.

[25] Natura Cosméticos – http://www.natura.net/br/investidor.html

[26] Companhia de Cigarros Souza Cruz - www.souzacruz.com.br

pação no mercado brasileiro. E também a Natura Cosméticos, uma empresa listada na BM&FBovespa que teve a coragem de optar pelas regras do Novo Mercado[27] enquanto ninguém o fazia. A Natura distribui seus produtos primordialmente pela venda direta realizada por revendedoras autônomas. É uma companhia integrada que desenvolve, fabrica, distribui e comercializa cosméticos, fragrâncias e produtos de higiene pessoal e sua marca é uma das mais reconhecidas no Brasil[28].

As empresas abertas têm grande preocupação com a transparência. Em suas páginas na internet, os analistas poderão encontrar informações com periodicidade mínima trimestral, bem como comentários e dados sobre seus planos e projetos, essencialmente indicadores setoriais e econômico-financeiros.

A Instrução CVM nº 358/2002, ajustada pelas Instruções nº 369/2002, 449/2007 e 547/2014, é um exemplo necessário de transparência[29]. Ela regula a divulgação e o uso de informações sobre atos ou fatos relevantes, a divulgação de informações na negociação de valores mobiliários de emissão de companhias abertas por acionistas controladores, diretores, membros do conselho de administração, do conselho fiscal e de quaisquer órgãos com funções técnicas ou consultivas, criados por disposição estatutária. E ainda, operações de aquisição de lote significativo de ações de emissão de companhia aberta, a negociação de ações de companhia aberta na pendência de fato relevante não divulgado ao mercado são citadas.

Esses exemplos de regras de boa governança e transparência são indispensáveis para informar e tranquilizar o volátil mercado financeiro. A falta de informações adequadas implica maiores riscos, exigindo dos bancos e dos fornecedores a cobrança de garantias extras e práticas de taxas de juros mais elevadas. A

[27] O Novo Mercado compreende empresas listadas na Bovespa que aceitam regras de governança corporativa e transparência adicionais às já exigidas pela CVM. Em dezembro de 2000, a Bovespa deu início ao funcionamento de um segmento especial de negociação de ações denominado Novo Mercado. Esse novo segmento tem como propósito atrair companhias abertas dispostas a fornecer maiores informações ao mercado e aos seus acionistas a respeito de seus negócios e que se comprometam a adotar práticas de governança corporativa, tais como práticas diferenciadas de administração, transparência e proteção aos acionistas minoritários. As companhias que ingressam no Novo Mercado submetem-se a determinadas regras mais rígidas, obrigando-se, por exemplo, a: Emitir apenas ações ordinárias, Manter, no mínimo, 25% de ações em circulação do capital da Companhia, Detalhar e incluir informações adicionais nas informações trimestrais e Disponibilizar as demonstrações financeiras anuais no idioma inglês e com base em princípios de contabilidade internacionalmente aceitos

[28] Dados obtidos no site da empresa www.natura.com.br

[29] http://www.divulgacaoexemplar.com.br/divulgacao/html/divulgacao.htm

sociedade brasileira espera que num futuro próximo todas as empresas listadas adotem regras como as do Novo Mercado. E que as companhias em geral, mesmo as não obrigadas à divulgação de suas informações, como forma de sustentabilidade e responsabilidade social, não apenas com o meio ambiente, mas de extremo alinhamento com o meio social, também façam transparentes suas informações econômico-financeiras como forma de combater a sonegação e a corrupção, infelizmente tão disseminada no Brasil.

1.9. CONFIABILIDADE DAS INFORMAÇÕES CONTÁBEIS

Pode-se dizer que a confiabilidade das informações contábeis das empresas está diretamente ligada ao seu porte. As fraudes contábeis nas grandes corporações raramente acontecem.

A questão da confiabilidade é ligada à possibilidade ou não do analista externo fazer uma completa verificação situacional ou acompanhar a evolução do desempenho empresarial, devido à ausência de dados históricos ou deficiência de processos. Tais situações, normalmente, são encontradas nas empresas organizadas como companhias limitadas ou em empresas individuais. A confiabilidade referida aqui é atribuída ao fato de o analista obrigar-se a "confiar" na informação contábil que recebe, visto que os dados não foram validados ou criticados por agentes reguladores do mercado como a CVM, ou terem sido objeto das minuciosas avaliações realizadas por Auditores Independentes. Os auditores, algumas vezes são criticados por pessoas que não conhecem o mercado. Exemplos pontuais de falhas de auditoria devem ser desconsiderados, esta não é a regra, pois as empresas de auditoria prestam um inegável serviço aos investidores, assegurando-lhes confiança no momento em que validam as informações e colocam sua reputação em forma de assinatura sobre um atestado (Parecer de Auditoria).

Infelizmente para os brasileiros o País possui cerca de 25 mil habitantes para cada auditor, enquanto que nos Estados Unidos esta medida é de 2,3 mil habitantes para cada auditor. A antiga União Soviética não tinha nenhum auditor; lá, isso era considerado um luxo desnecessário. Neste contexto, especialmente no ambiente criado pela introdução a Lei nº 11.638/07, os contadores das sociedades anônimas de capital fechado e companhias limitadas com receita anual superior a R$ 300 milhões ou ativos superiores a R$ 240 milhões, deverão encontrar uma nova e revigorante fonte de estresse, pois os profissionais de auditoria passaram a fazer parte do seu dia a dia, examinando, conferindo e certificando o seu trabalho.

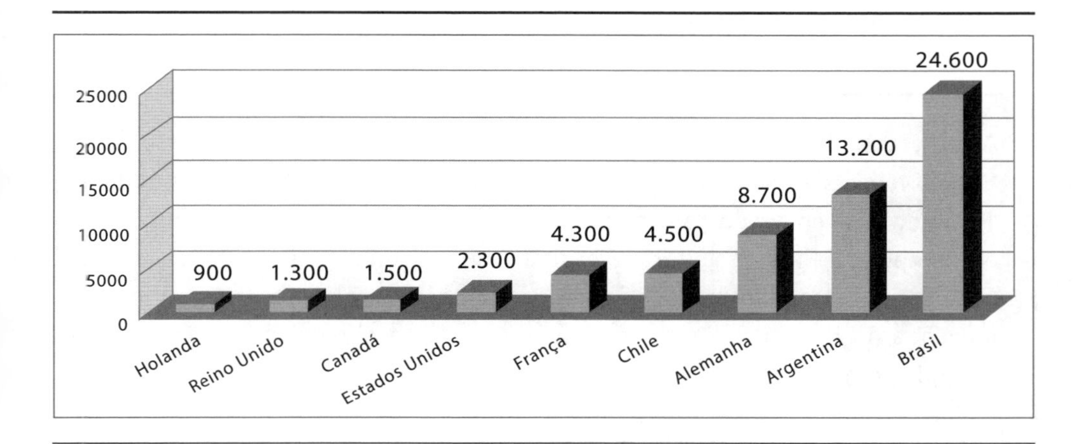

Gráfico 1: **Número de auditores por habitante**
FONTE: Jornal Folha de São Paulo 18/2/08, B4

Para as grandes empresas, organizadas sob a forma de sociedades anônimas, particularmente as listadas em bolsa, o problema é consideravelmente atenuado. Não são raras as vezes em que a CVM manda uma dessas organizações republicar suas informações contábeis, corrigindo erros e melhorando dados distorcidos e dúbios. Ademais, tais dados contábeis, antes de publicados, devem ser aprovados pelo chamado Conselho Fiscal, órgão interno da empresa, subordinado à assembleia de acionistas, composto por pessoas de notória e reconhecida experiência e competência no mercado.

Em complemento todas exigências de transparência, a seriedade no manuseio e apresentação dos dados contábeis também é usual nas grandes corporações; por sua visibilidade e impacto econômico e social, sempre que realizarem uma operação de empréstimo, lançamento de debêntures[30] ou fizerem um aumento de capital,

[30] Debênture é um título de crédito representativo de empréstimo que uma companhia faz junto a terceiros e que assegura a seus detentores direito contra a emissora, nas condições constantes da escritura de emissão.

solicitarem a uma empresa de rating[31] que as classifiquem. O processo de classificação obedece a um rígido e minucioso padrão de análise das condições gerais da empresa, inclusive as não financeiras. As agências classificadoras de risco são extremamente conservadoras e cautelosas, assegurando, assim, ao emprestador do recurso ou ao investidor uma garantia de que a organização foi classificada por elas e oferece um risco muito preciso de crédito.

As empresas classificadoras de risco mais conhecidas são as multinacionais Fitch, Moody's e Standard and Poor's. No Brasil, de acordo com o quadro 14, nenhuma empresa tem classificação maior que a do País. Tomando o exemplo da Fitch, o leitor deve observar que uma empresa brasileira, para ser considerada de risco "zero" pela classificadora, deveria melhorar posições no ranking, já que as nossas mais bem classificadas têm risco definido como "BB+".

Moody's	S&P	Fitch	Qualidade da Dívida
Aaa	AAA	AAA	Qualidade de Topo (Prime)
Aa1	AA+	AA+	Qualidade elevada
Aa2	AA	AA	Qualidade elevada
Aa3	AA–	A–	Qualidade elevada
A1	A+	A+	Qualidade média superior
A2	A	A	Qualidade média superior
A3	A–	A–	Qualidade média superior
Baa1	BBB+	BBB+	Qualidade média inferior
Baa2	BBB	BBB	Qualidade média inferior
Baa3	BBB	BBB	Qualidade média inferior
Ba1	BB+	BB+	Arriscada ou Especulativa
Ba2	BB	BB	Arriscada ou Especulativa

[31] As agências de classificação de risco avaliam a empresa e lhe atribuem um "rating", ou seja, uma "nota de crédito". Tais "notas" oferecem ao investidor uma percepção muito precisa do risco oferecido pela empresa.

Moody's	S&P	Fitch	Qualidade da Dívida
Ba3	BB-	BB-	Arriscada ou Especulativa
B1	B+	B+	Altamente especulativa
B2	B	B	Altamente especulativa
B3	B-	B-	Altamente especulativa
Caa1	CCC+	CCC+	Substancialmente arriscada
Caa2	CCC	CCC	Extremamente especulativa
Caa3 Ca	CCC- CC	CCC- CCC	Em incumprimento com poucas perspectivas de recuperação
/	D	DDD	Em incumprimento
/	D	DD	Em incumprimento
/	D	D	Em incumprimento

Quadro 14: **Rating para dívida em moeda estrangeira de longo prazo**

FONTE: Revista Visão - http://visao.sapo.pt/tabela-ratings=f557041

Finalmente, as empresas constituídas sob a forma de sociedades anônimas também têm suas contas aprovadas por auditores independentes (quadro 15), os quais normalmente são participantes de grandes corporações multinacionais, dotadas de muitos e competentes recursos profissionais especializados, voltados para a análise e aprovação das informações contábeis.

Após sete anos em tramitação no Congresso Nacional, foi sancionada em 28 de dezembro de 2007, a Lei nº 11.638/07, que atualizou as regras contábeis brasileiras, obrigando as empresas limitadas e as SAs de capital fechado, com ativos a partir de R$ 240 milhões ou receita anual de R$ 300 milhões a certas novas regras. Tais empresas, por exemplo, estão obrigadas a contratar auditoria independente para suas demonstrações contábeis, já a partir do ano de 2012. "As vantagens da auditoria, mesmo sem as vitrines da divulgação, é que a lei aumenta a transparência das empresas, ajuda a reduzir a sonegação fiscal e reduz custos de captação. Além disso, contribui para aumentar o fluxo de recursos para essas firmas, beneficiando o crescimento da economia. As empresas vão sair do escuro. Para um banco, por exemplo, uma coisa é analisar o risco de crédito de uma companhia com balanço auditado do que de uma sem. Um risco menor certamente vai se refletir em um custo menor do crédito", afirmava Marcos Venicio Sanches, contador e sócio da empresa de consultoria e auditoria BDO Trevisan, durante uma das inúmeras palestras que antecedeu a Lei.

Empresa	Auditor Independente
Oi	KPMG
Companhia Brasileira de Distribuição (Extra)	Deloite Touche Tohmatsu
Companhia de Cigarros Souza Cruz	KPMG
Petrobras	PricewaterhouseCoopers
Embraer	KPMG

QUADRO 15: **Empresas e Auditores Independentes — Balanço Patrimonial de 2003**
FONTE: BM&FBovespa

Para exemplificar a importância da Lei, as empresas nela enquadradas, têm a liberdade de escolha entre as regras estabelecidas na Lei 6404/76, ou as emanadas pela CVM, no instante de elaboração de suas demonstrações contábeis. No primeiro caso (Lei das SA) obrigam-se na adoção das práticas contábeis da Legislação Societária Brasileira. No segundo caso, as demonstrações contábeis devem ser elaboradas pelo padrão contábil internacional IFRS (International Finance Reporting Standards) a partir de 2010 (apenas para balanços consolidados). Entretanto o que deve acontecer no futuro é que todas as empresas convirjam suas demonstrações financeiras para o padrão internacional.

Vale dizer, ademais, que as contabilidades das firmas abrangidas pela Lei terão que se profissionalizar, fato que poderá levar ao aumento de custos. Isso sem mencionar que as auditorias deverão custar em torno de R$ 100 mil por ano.

Com a promulgação da Lei nº 11.638/07, algumas empresas brasileiras muito conhecidas do público em geral passarão a ter suas contas auditadas.

Agrenco do Brasil	Ficap	Marilan
Camil Alimentos	Grupo Brasil Participações	Schincariol
Casas Bahia	J.Macedo Alimentos	Varilog
Constran SA	Grupo Júlio Simões	Veja Engenharia
Construtora OAS	Grupo Martins	Engemix
Di Cicco	Lojas Cem	Magazine Luiza

Quadro 16: **Empresas que passaram a ter suas contas auditadas**
FONTE: Jornal Folha de São Paulo, 18/2/08, B4

Os empresários sérios, interessados em "alavancar" suas operações via mercado de ações, precisam ter como obsessão o resultado, mas também é essencial que eles transmitam confiança e visibilidade aos analistas de investimento. Caso esses profissionais, que em última análise "fazem" os preços dos papéis, se sintam seguros e percebam uma boa administração, um bom mercado e perspectivas futuras promissoras e, sobretudo, que os analistas consigam "enxergar" os resultados da administração de maneira clara e inequívoca, esses "papéis" certamente receberão uma atenção grande e terão seus preços elevados.

Nessa linha de pensamento, a BM&FBovespa resolveu criar o chamado "Novo Mercado", que é um segmento de listagem destinado à negociação de ações emitidas por empresas comprometidas, voluntariamente, com a adoção de práticas de governança corporativa e ***disclosure***[32] adicionais em relação ao que é exigido pela legislação. Em 2014, das mais de 7 milhões de empresas existentes no Brasil, apenas cerca de 350 estão listadas na BM&FBovespa e destas, pouco mais de 30% adotaram as práticas do chamado Novo Mercado BM&FBovespa. No futuro, quando a sociedade empresarial evoluir, o segmento "Novo Mercado" será a regra, e as corporações que não adotarem esse comportamento não sobreviverão. O leitor não deve desprezar o poderio econômico das "apenas" 350 empresas lista na BM&FBovespa, pois em dezembro de 2013, o capital bursátil[33] destas companhias representava 58,2% do PIB brasileiro.

---

[32] "*Disclosure*" é a expressão utilizada no mercado financeiro que significa abertura de informações e transparência.

[33] Capital Bursátil, valor das ações da empresa, segundo a cotação da bolsa. O VPA representa o valor da ação da empresa no "livro", entretanto, esta mesma ação tem um valor de mercado (bolsa) diferente. O total das ações da empresa multiplicado pelo valor de mercado das mesmas, representa o Capital Bursátil da companhia.

Para mencionar um exemplo prático de transparência, a legislação brasileira estabelece, mas não obriga, uma publicação de fluxo de caixa para todas as empresas. Essa peça contábil é de extrema relevância, pois mostra ao analista a geração de caixa produzido pelas atividades operacionais, de financiamento e de investimento. Com a Lei nº 11.638/07, somente as SA's de capital aberto ou com patrimônio líquido superior a R$ 2 milhões estão obrigadas à elaboração do fluxo de caixa em substituição a DOAR, que embora fosse uma importante peça contábil, era analisada e entendida por um número pequeno de pessoas, dada a necessidade de grande conhecimento contábil.

O exemplo ilustrado no quadro 17 ilustra uma demonstração do fluxo de caixa, no qual a companhia, uma boa geradora de caixa, produziu, em 2013, recursos líquidos de caixa no valor de R$ 1.021.863, com notável desempenho das contas de Estoques, Fornecedores e Valores a Receber, mostrando que a Empresa foi muito eficiente na administração desses recursos, com expressivos ganhos em 2013, quando comparado com 2012.

Apenas para citar um número, o saldo de contas, "Contas a Receber", gerou caixa, de um ano para outro, de R$ 540,5 milhões (R$ 483.295 + R$ 57.201). Por outro lado, a companhia foi obrigada a investir recursos excessivos gerando um fluxo negativo de R$ 545.810, motivado por novas imobilizações. Finalmente, por se tratar de uma organização com dívidas elevadas, atuando num setor de extrema competição, as atividades financeiras consumiram R$ 629.298 milhões em caixa. Como resultado final, temos uma aplicação de recursos no caixa (variação de caixa negativa) de R$ 153.245. Esse resultado apenas não foi menor porque a empresa administrou com muita eficiência seus recursos operacionais. Um analista experiente que verifique esses dados logo poderá concluir que uma administração profissional geriu os recursos nesse período.

Como a demonstração de caixa não era obrigatória até 2007, poucas empresas publicavam o documento. Para as empresas do Novo Mercado, a publicação do relatório sempre foi mandatória.

Companhia GCH - Reais (Mil)		
Item	**2013**	**2012**
Lucro Líquido do Exercício	**225.545**	**245.122**
Imposto de Renda Diferido	(41.122)	(152.686)
Depreciação	454.374	413.617
Juros e Variações Monetárias	248.257	168.932
Equivalência Patrimonial	8.835	10.357
Provisão para Contingências	77.313	239.767
Fundos de Investimentos de Longo Prazo	(100.000)	-
Contas a Receber	483.295	(57.201)
Adiantamentos – Fornecedores e Empregados	(30.810)	10.956
Estoques	37.176	(294.691)
Impostos a Recuperar	(78.934)	(270.462)
Depósitos Judiciais	(20.734)	(32.516)
Fornecedores	(219.399)	596.091
Salários e Encargos	14.166	(3.237)
Impostos e Contribuições	18.040	44.699
Demais Contas a Pagar	(54.139)	(164.921)
Caixa Gerado pelas Atividades Operacionais	**1.021.863**	**753.827**
Aquisição de Bens do Ativo Imobilizado	(541.430)	(274.991)
Aumento do Ativo Diferido	(4.380)	(960.417)
Caixa Gerado pelas Atividades de Investimentos	**(545.810)**	**(1.235.408)**
Aumento de Capital	5.629	2.469
Financiamentos, Captações e Refinanciamentos	1.215.672	2.297.616
Pagamentos de Financiamentos	1.791.158)	(1.670.661)
Pagamento de Dividendos	(59.441)	(60.774)

(continua)

(continuação)

Item	2013	2012
Caixa Gerado pelas Atividades de Financiamento	**(629.298)**	**568.650**
Variação no Caixa e Equivalentes	**(153.245)**	**87.069**
Caixa e Equivalentes a Caixa no fim do Exercício	981.913	1.135.158
Caixa e Equivalentes a Caixa no Início do Exercício	1.135.158	1.048.089
Variação no Caixa e Equivalentes	**(153.245)**	**87.069**

Quadro 17: Demonstração de Fluxo de Caixa por origem de recurso

Segundo comentário da BM&FBovespa em sua página na internet, "a valorização e a liquidez das ações de um mercado são influenciadas positivamente pelo grau de segurança que os direitos concedidos aos acionistas oferecem e pela qualidade das informações prestadas pelas empresas. Essa é a premissa básica do Novo Mercado. A entrada de uma empresa no Novo Mercado significa a adesão a um conjunto de regras societárias, genericamente chamadas de boas práticas de governança corporativa, mais rígidas do que as presentes na legislação brasileira. Essas regras, consolidadas no Regulamento de Listagem, ampliam os direitos dos acionistas, melhoram a qualidade das informações usualmente prestadas pelas companhias e, ao determinar a resolução dos conflitos por meio de uma Câmara de Arbitragem, oferecem aos investidores a segurança de uma alternativa mais ágil e especializada."

A principal inovação do Novo Mercado em relação à legislação é a proibição de emissão de ações preferenciais. Porém, essa não é a única. Resumidamente, a companhia aberta participante do Novo Mercado tem como obrigações adicionais abaixo.

- As companhias listadas no Novo Mercado só podem emitir ações com direito de voto, as chamadas ações ordinárias (ON).
- O capital deve ser composto exclusivamente por ações ordinárias com direito a voto;
- No caso de venda do controle, todos os acionistas têm direito a vender suas ações pelo mesmo preço (tag along[34] de 100%);

[34] *Tag along* é um mecanismo de proteção a acionistas minoritários de uma companhia que garante a eles o direito de deixarem uma sociedade, caso o controle da companhia seja adquirido por um investidor que até então não fazia parte da mesma.

- Em caso de deslistagem ou cancelamento do contrato com a BM&FBovespa, a empresa deverá fazer oferta pública para recomprar as ações de todos os acionistas no mínimo pelo valor econômico;
- O Conselho de Administração deve ser composto por no mínimo cinco membros, sendo 20% dos conselheiros independentes e o mandato máximo de dois anos;
- A companhia também se compromete a manter no mínimo 25% das ações em circulação (free float)[35];
- Divulgação de dados financeiros mais completos, incluindo relatórios trimestrais com demonstração de fluxo de caixa e relatórios consolidados revisados por um auditor independente;
- A empresa deverá disponibilizar relatórios financeiros anuais em um padrão internacionalmente aceito;
- Necessidade de divulgar mensalmente as negociações com valores mobiliários da companhia pelos diretores, executivos e acionistas controladores.

Empresas Listadas no Novo Mercado	Nome de Pregão
Cia Hering	Hering
Cielo S.A.	Cielo
Companhia de Concessões Rodoviárias	CCR Rodovias
Companhia de Saneamento Básico do estado de São Paulo	Sabesp
Natura Cosméticos S.A.	Natura
WEG S.A.	WEB

Quadro 18: **Exemplo de empresas listadas no Novo Mercado – BM&FBovespa.**
FONTE: Site da BM&FBovespa

[35] *Free float* (flutuação livre) é uma terminologia utilizada no mercado de capitais quando uma empresa deixa determinada quantidade de ações à livre negociação no mercado. O free float designa as ações que se encontram em circulação, ou seja, aquelas que estão à disposição para negociação no mercado, excluindo-se as pertencentes aos controladores e aquelas na tesouraria da companhia.

Além de presentes no Regulamento de Listagem, alguns desses compromissos deverão ser aprovados em Assembleias Gerais e incluídos no Estatuto Social da companhia. Um contrato assinado entre a BM&FBovespa e a empresa, com a participação de controladores e administradores, fortalece a exigibilidade do seu cumprimento. Com o Novo Mercado, a BM&FBovespa abre uma nova frente de atuação visando ao desenvolvimento do mercado de capitais brasileiro, oferecendo para as empresas uma excelente oportunidade para a captação de recursos a custos competitivos e para os aplicadores um mercado mais seguro para o investimento de longo prazo. Mais do que isso, a BM&FBovespa acaba de criar um paradigma de empresa transparente no mercado brasileiro (quadro 18).

1.10. ABRIR O CAPITAL E LISTAR UMA EMPRESA NA BOLSA É CARO E COMPLEXO?

No final de 2003, apenas 363 empresas estavam "listadas" na BM&FBovespa. Desde 2001, nenhuma empresa "abria" o capital naquela bolsa de valores. Mas, esse fato foi revertido em meados de 2004, com a "listagem" da GOL, Natura, ALL e CCR. Em 2007 o número de empresas listadas já ultrapassava a casa das quinhentas. Em setembro de 2014 522 empresas estavam listadas na BM&FBovespa. Segundo o Sebrae, no final do ano de 2012, havia no Brasil 65.502 grandes empresas, das quais, apenas 0,80% estavam listadas na BM&FBovespa.

Uma combinação de critérios do Sebrae e o BNDES, mostram que pode ser classificada como grande empresa aquela organização que tem uma Receita Bruta Anual, de mais de R$ 300 milhões. Entretanto, considerando os custos e as exigências, para listar na BM&FBovespa é necessário um valor, pelo menos, três vezes superior.

- Empreendedor Individual (Lei 123/06), até R$ 60.000,00 (Sebrae)
- Microempresa (Lei 123/06) até R$ 360.000,00 (Sebrae)
- Empresa de Pequeno Porte, (Lei 123/06) de R$ 360.000,01 até R$ 3.600.000,00 (Sebrae)

- Média empresa, maior que R$ 16 milhões e menor ou igual a R$ 90 milhões (BNDES)
- Média-grande empresa, maior que R$ 90 milhões e menor ou igual a R$ 300 milhões (BNDES)
- Grande empresa, maior que R$ 300 milhões (BNDES)

Não há uma relação entre o número de empregados e as companhias listadas na BM&FBovespa, entretanto, as organizações têm muito colaboradores, às vezes, centenas de milhares. Quanto ao número de empregados, o Sebrae utiliza o critério por número de empregados do IBGE como critério de classificação do porte das empresas, para fins bancários, ações de tecnologia, exportação e outros.

Indústria

Micro: com até 19 empregados

Pequena: de 20 a 99 empregados

Média: 100 a 499 empregados

Grande: mais de 500 empregados

Comércio e Serviços

Micro: até 9 empregados

Pequena: de 10 a 49 empregados

Média: de 50 a 99 empregados

Grande: mais de 100 empregados

Todavia, as perguntas imediatas são: por que as empresas em sua maioria preferem adotar a forma societária de limitada? Por que as Sociedades Anônimas raramente "abrem" o capital, preferindo manter-se "fechadas"? As respostas para essas questões podem ser divididas em três partes.

Primeiramente, uma companhia limitada não tem obrigação de divulgar suas informações, pois a legislação brasileira lhe dá total cobertura e os seus dados são mantidos em sigilo, sem que ninguém tenha acesso aos mesmos, salvo por vontade de seus gestores. Essas empresas, por sua constituição e organização, não estão obrigadas a divulgar nada sobre suas operações. No Brasil, quando o mercado sabe alguma coisa sobre uma corporação multinacional, é porque conseguiu a informação no seu país de origem, que a obriga a publicar os dados de suas empresas controladas no exterior. Ainda de acordo com o primeiro motivo, abrir o capital e tornar-se uma sociedade anônima significa o "inconveniente" de adotar regras de transparência exigidas pela bolsa de valores e colocar-se sob a vigilância da Comissão de Valores Mobiliários o que, para quem é do mercado e conhece um pouco a CVM, não é nada fácil. Os técnicos da Comissão são vigilantes, preparados e rigorosos. Isso nos permite concluir que tais empresas e especialmente as listadas no Novo Mercado nada têm para esconder do fisco ou do investidor.

O segundo motivo está ligado aos custos, já que não é pouco o quanto se gasta para ser uma sociedade anônima, particularmente de capital aberto. Surge aqui a explicação de existirem pouco mais de quinhentas empresas listadas na BM&FBovespa? Uma sociedade anônima requer uma contabilidade mais apurada. Contadores preparados e experientes são "caros". As exigências legais dificultam a operação societária, elevando os custos sobremaneira, principalmente com advogados especializados.

Numa companhia aberta, ou seja, listada em bolsa, as exigências são inúmeras e bastante rígidas. E não poderia deixar de ser diferente, pois caso contrário, quem protegeria os acionistas minoritários? As demandas solicitadas das empresas abertas são: publicações de fatos relevantes e informativos contábeis trimestrais em jornais, elaboração de relatórios anuais, pagamentos de taxas para a bolsa de valores, consultores, advogados, peritos contadores, auditores, apenas para citar alguns exemplos.

Mas, mesmo assim, a partir de meados de 2004, depois de três anos sem que isso acontecesse, algumas empresas visionárias abriram seus capitais e foram listadas na BM&FBovespa, conforme apresenta o quadro 19. Os custos são estratosféricos[36]? O lançamento de ações realizado pela empresa aérea GOL, por exemplo, custou a expressiva quantia de R$ 43,9 milhões, ou seja, quase US$ 17 milhões, considerando-se uma paridade de 1 para 2,4 com o Real. Mas, o que se verifica na sequência é que estas empresas, listadas no quadro 19, tiveram muita inteligência, especialmente naquilo

[36] Jornal Valor, edição de 18 de agosto de 2004.

que diz respeito à projeção de cenários, pois os resultados que seus gestores proporcionaram aos acionistas e investidores, de modo geral, foram lucros sem precedentes. Poderíamos dizer que foi o lançamento perfeito e no momento certo.

Em 19 de setembro de 2014, o site especializado Bloomberg[37] resumia as operações com ações da Natura. A empresa possuía 431,24 milhões de ações (Shares Outstanding) a um preço de R$ 38,30, em resumo, o valor da companhia girava em torno de R$ 16 bilhões.

As operações ***underwriting***[38], como são chamadas no mercado financeiro, são complexas e seus custos são estabelecidos por uma série de fatores: comissões, publicidade legal, garantias de colocação (firme ou melhores esforços), valor de mercado do papel, valor patrimonial da ação, etc.

Dados das Companhias	GOL	Natura	ALL
Valor Captado	R$ 878 milhões	R$ 678 milhões	R$ 534,75 milhões
Tipo de oferta	Global	Local com tranche[6] no exterior	Local com tranche no exterior
Bancos contratados	Morgan Stanley, Unibanco e Santander	UBS, Pactual e Itaú	Merril Lynch e Pactual
Escritório de advocacia no Brasil	Mattos Filho, Veiga Filho, Marrey Jr. E Quiroga	Mattos Filho	Barbosa, Mussnich e Aragão
Advogado da empresa nos EUA	Shearman $ Sterling	Simpson Thacher $ Bartlett	Cravath, Swaine & Moore
Taxa de comissão dos bancos	5%	3%	3%

(continua)

[37] http://www.bloomberg.com/quote/NATU3:BZ

[38] Underwriting é a expressão utilizada no mercado financeiro para a subscrição de capital.

(continuação)

Dados das Companhias	GOL	Natura	ALL
Valor pago aos bancos	R$ 43,9 milhões	R$ 21,1 milhões	R$ 16,9 milhões
Outras despesas como advogados, publicidade, etc.	R$ 2,8 milhões	R$ 5 milhões	R$ -

QUADRO 19: **Custo da Abertura de Capital**

FONTE: Jornal Valor, edição de 18 de agosto de 2004

Os gastos de uma companhia para fazer a emissão e a venda de ações para investidores variam bastante em função da complexidade da operação e do seu tamanho. Pelo quadro 20, percebe-se que a Natura gastou mais de R$ 26 milhões para listar as suas ações simultaneamente no Brasil e no exterior. Esses gastos representam comissões pagas aos bancos que coordenaram a transação, honorários dos advogados e outras despesas com publicidade legal envolvida. No exemplo da Natura, se fosse empregado na sua atividade, o dinheiro daria para o desenvolvimento de muitos bons perfumes.

As captações têm custos que variam entre 3% e 5% de todo o dinheiro obtido. No caso da Gol, a comissão foi de 5%, pois a empresa também se registrou na SEC[39]. A parte mais cara foi paga justamente aos bancos.

O quadro 20 demonstra a evolução do valor das ações da GOL, ALL e Natura, desde o lançamento até o dia 19 de setembro de 2014, no qual os números falam por si mesmos. Efetivamente pela necessidade de maior transparência da gestão e dos resultados da empresa, como também de uma contabilidade mais aprimorada, alguns custos ficam elevados, mas, como regra geral, é compensado pela valorização dos papéis da empresa.

Finalmente, no terceiro ponto, as empresas que estão obrigadas a divulgar resultados o fazem segundo um conjunto de regras editadas pela Lei 6404/76 (e complementos), combinadas com orientações da CVM, as quais, muitas vezes, não atendem à necessidade de informações dos analistas do mercado ou de crédito. Os analistas de investimentos dos grandes bancos acompanham pequenos gru-

[39] SÉC - Securities and Exchange Commission, a Comissão de Valores Mobiliários Americana.

pos de empresas, normalmente de um setor da economia, como os de energia e telecomunicações, por exemplo. Estes profissionais executam um trabalho muito apurado e cuidadoso, ou seja, projetam paralelamente todas as informações dos resultados e das peças contábeis, naquilo que se denomina no mercado de "análise fundamentalista", obtendo um espelho daquilo que deverá ser a informação que a empresa dará ao mercado no trimestre. Tais conjuntos de dados e informações são atualizados diariamente com todos dados que o profissional consegue "captar" sobre a empresa. Assim, esses profissionais, após algum tempo de profissão, tornam-se verdadeiros especialistas em empresas e setores da economia. Com tal conhecimento da empresa, pela sua extrema capacidade, se tornam por vezes inoportunos, expondo a organização a comentários reveladores da real competência dos administradores e controladores.

Ação	23/06/2004	30/12/2004	29/12/2005	28/12/2006	30/05/2007	19/09/2014	DELTA*
GOLL4 (GOL)	R$ 25,66	R$ 40,80	R$ 64,75	R$ 63,04	R$ 62,92	R$ 13,42	-48%
NATU3 (NATURA)	R$ 8,29	R$ 14,13	R$ 19,51	R$ 29,50	R$ 25,90	R$ 38,19	361%
ALLL3 (ALL)	R$ 0,91	R$ 1,55	R$ 1,90	R$ 3,62	R$ 4,48	R$ 7,14	685%

Quadro 20: **Cotação de ações**

FONTE: BM&FBovespa 19/9/2014

Os analistas de crédito, por outro lado, pelo universo de empresas que analisam, não têm a possibilidade de se organizarem da mesma forma que os de mercado; desse modo, trabalham com as informações que recebem do interessado em obter o limite de crédito.

1.11. Na impossibilidade de Avaliar os Riscos via Análise Financeira, Exigem-se Garantias

O leitor poderá estranhar a obsessão dos autores pela necessidade de transparência dos resultados, inclusive pela crítica ácida e explícita ao comportamento de algumas das empresas individuais, companhias limitadas e sociedades anônimas de capital fechado. Ora, se essas organizações são "fechadas", o problema da acurácia e de transparência das contas é uma questão para os sócios ou acionistas resolverem, argumentariam alguns. Por que torná-las públicas?

Acontece que algumas dessas empresas atuam em mercados monopolistas, com pouca ou nenhuma competição. Outras, por sua via, utilizam recursos governamentais, como impostos reduzidos, subsídios ou financiamentos com recursos oriundos do setor público e de bancos estatais. Finalmente, algumas empresas são fornecedoras das entidades governamentais ou mesmo prestam serviços à população. Nesses casos, a sociedade não só tem o direito de saber sobre o andamento das suas contas, como deveria exigir de forma intransigente que os resultados fossem publicados e a contabilidade atestada por auditores independentes, independentemente do tamanho da empresa. Como poderia uma montadora de veículos, que usufrui da redução de impostos para produzir veículos, ou ainda que recebeu pesados incentivos para instalar-se num determinado local, como os acontecidos nos estados da Bahia, Rio Grande do Sul e do Paraná, negarem à sociedade em geral o conhecimento dos seus resultados?

Notável exemplo de transparência é dado pela agência governamental reguladora dos serviços de telecomunicações no Brasil, quando publicou, ainda no início de 2000, um conjunto de normas relativas à divulgação de resultados contábeis, formação de custos e receitas para o setor. Independentemente da forma de organização, a empresa concessionária ou autorizatária de serviços de telecomunicação estará obrigada a fornecer ao governo mensalmente um conjunto de dados físicos e financeiros, mostrando uma completa visão das suas operações. A Anatel, autarquia federal, órgão regulador das telecomunicações brasileiras, definiu que todas as empresas enquadradas como PMS's (iniciais de Poder de Mercado Significativo, termo que traduz a posição que possibilita a alteração significativa das condições do mercado relevante) deverão enquadrar-se em severas regras de transparência caso preencham uma das condições abaixo:

- Participação no mercado de interconexão;
- Participação no mercado específico do serviço;
- Existência de economias de escala;
- Existência de economias de escopo;

- Controle sobre infraestrutura cuja duplicação não é economicamente viável;
- Ocorrência de poder de negociação nas compras de insumos, equipamentos e serviços;
- Ocorrência de integração vertical;
- Existência de barreiras à entrada de competidores;
- Acesso a fontes de financiamento.

Ademais, a Anatel exige contratualmente a publicação da demonstração de todos os autorizados para a prestação do serviço de longa distância nacional e internacional (interurbano), telefonia fixa local ou telefonia móvel celular, independentemente da sua forma de organização. Isso poderia parecer um absurdo no caso de uma empresa individual ou de uma limitada, por exemplo.

Termo de Autorização (contrato) do Serviço Telefônico Fixo Comutado – Modalidade Longa Distância Nacional (interurbano)

(...)

Capítulo VIII

Dos Direitos, Garantias, Obrigações e Restrições da AUTORIZADA

Cláusula 8.1 - Além das outras obrigações decorrentes deste Termo de Autorização e inerentes à exploração do serviço, incumbirá à AUTORIZADA:

(...)

XX - publicar anualmente, independente do regime jurídico a que esteja sujeita, balanço e demonstrações financeiras levantadas ao final de cada exercício social, observadas as disposições da legislação vigente e da regulamentação da Anatel;

(...)

Termo de Autorização do STFC – Modalidade Longa Distância Nacional

FONTE: Anatel – www.anatel.gov.br

No entanto devem-se deixar de lado as grandes empresas que possuem ações negociadas na BM&FBovespa ou ADR's comercializadas na Bolsa de Nova Iorque, pois essas organizações oferecem espontaneamente proteções e visibilidade para os investidores. Os analistas de mercado, particularmente de crédito, devem dedicar sua atenção para as sociedades anônimas de capital fechado, companhias limitadas e empresas individuais. Essas empresas são uma enorme incógnita e a tarefa de analisá-las é praticamente impossível. A avaliação econômico-financeira é factível apenas se realizada pelo "lado de dentro" e nós, analistas, estarmos do "lado de fora".

Não existe intenção de levar pessimismo ao mercado, muito menos de dizer que as informações contábeis são incorretas. A contabilidade, por tradição, é um dos pilares da legalidade empresarial e não são raras as vezes que os profissionais dessa área são vistos como legalistas, sendo eventualmente acusados por excesso de zelo. Mas os Contadores não são os donos das empresas e poucas vezes mantêm relacionamento direto com os agentes do mercado, não lhes cabendo a representação junto à comunidade financeira ou empresarial, função atribuída aos sócios, acionistas e administradores.

Enquanto a comunidade empresarial não aderir às regras do chamado "Novo Mercado", o que, ironicamente, deve demorar um pouco, o analista deve redobrar a atenção, analisando os dados contábeis com rigor e, adicionalmente, continuar a exigir as garantias correspondentes, sem o que não teria como proteger as suas operações.

Curiosamente, mesmo tendo que enfrentar toda a "burocracia" de uma sociedade anônima, muitas empresas aderiram as regras do Novo Mercado espontaneamente, bem como as chamados Nível 1 e 2. Desde que estes avanços de governança e transparência foram criados, 131 empresas já aderiram ao Novo Mercado, 31 ao Nível 1 e 22 ao Nível 2.

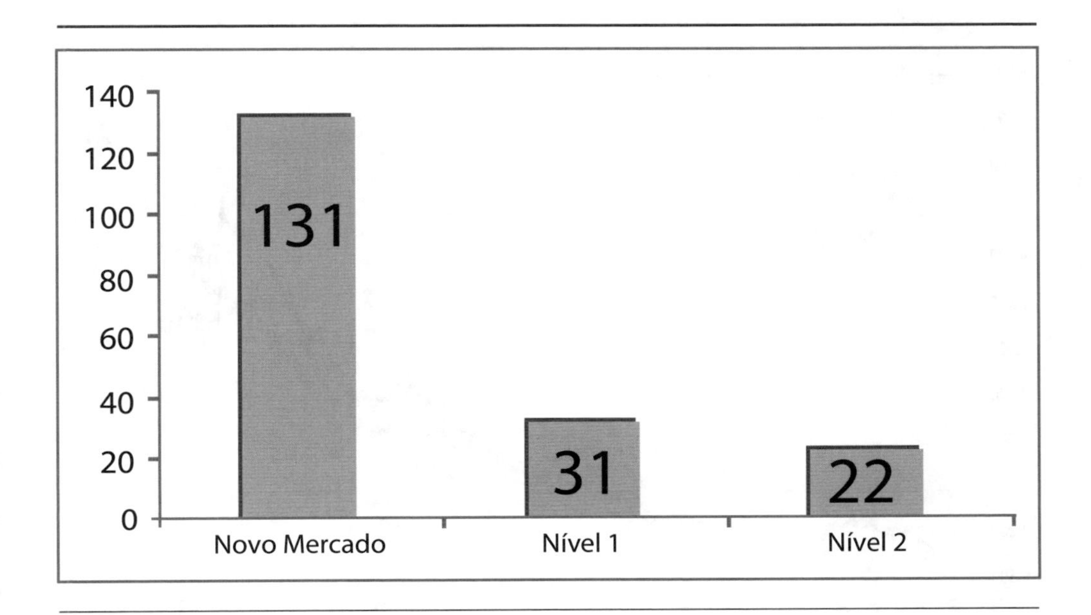

Gráfico 2: Empresas listadas na BM&FBovespa

Perceba-se que assumir tais regras significa obrigatoriedade de fornecer informações e dados muito além do necessário. Entretanto, o valor de mercado de tais empresas que praticam regras diferenciadas de governança tem aumentado significativamente.

Novo Mercado - NM	Padrão de governança corporativa altamente diferenciado.
Nível 2 – N2	Similar ao NM, porém as empresas têm o direito de manter ações preferenciais (PN). No caso de venda de controle, é assegurado aos detentores de ON e PN o mesmo tratamento do controlador, prevendo (o direito de tag along de 100% do preço pago pelas ON do controlador.
Nivel 1 – N1	Adotar práticas que favoreçam a transparência e o acesso às informações, divulgando informações adicionais às exigidas em lei: calendário anual de eventos corporativos. O free float mínimo de 25% deve ser mantido nesse segmento (a companhia se compromete a manter no mínimo 25% das ações em circulação).

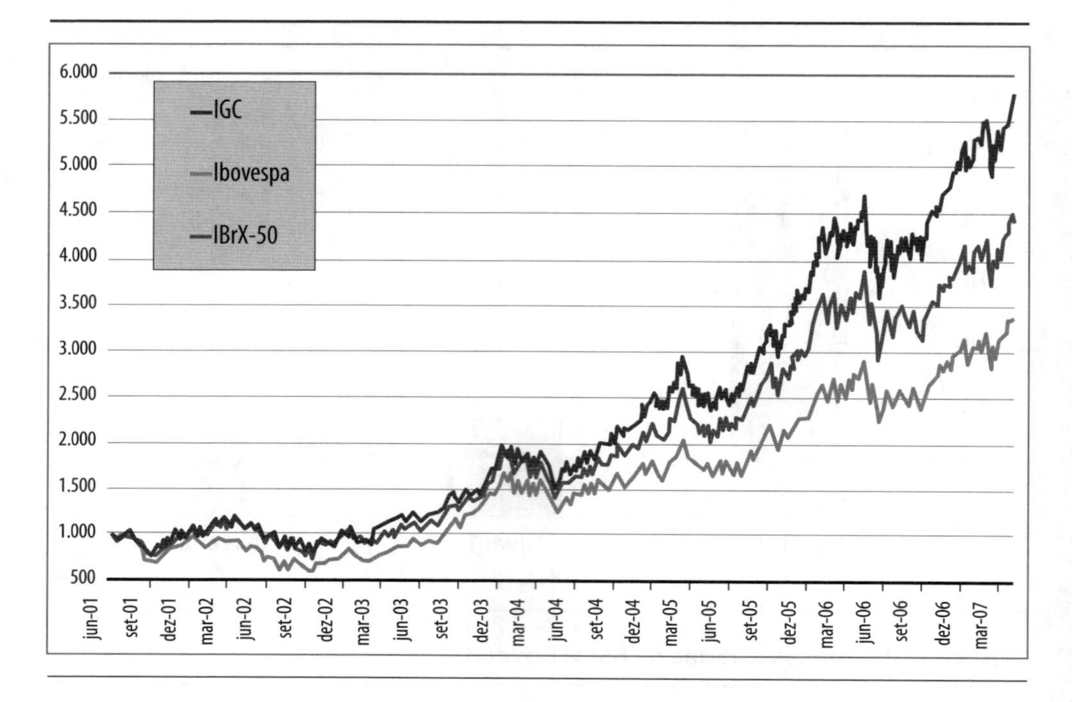

GRÁFICO 3: Evolução do Ibovespa, IBrX-50 e IGC

Uma publicação da BM&FBovespa de 2007, revelava que as empresas que compunham o chamado **IGC** - Índice de Ações com Governança Corporativa Diferenciada, listadas na BM&FBovespa, tiveram o preço de sua ações aumentadas significativamente, se comparadas com os demais índices da Bolsa. A única razão desta valorização: transparência e confiabilidade.

1.12. CONCEITOS ÚTEIS PARA MANIPULAÇÃO DE DADOS CONTÁBEIS E ECONÔMICOS

Investimentos ou Ativos Imobilizados

São classificadas no balanço patrimonial como investimentos as participações permanentes em outras sociedades, as quais podem ter sido realizadas voluntariamente ou na forma de incentivos fiscais. Também são registrados a esse título outros direitos de qualquer natureza que não possam ser classificados no ativo circulante, os quais não se destinam à manutenção das atividades da empresa.

Os Ativos Imobilizados são recursos tangíveis, de vida relativamente longa. Geralmente, a empresa adquire esses bens a fim de usá-los na produção de outros bens ou serviços, como máquinas, instalações, terrenos e prédios. Nessas contas do balanço são incluídos todos os bens de vida longa, destinados ao funcionamento normal da empresa. Também são considerados como ativos imobilizados os bens intangíveis, cujo valor não é conferido pela propriedade física, mas que podem ser retratados como direitos de propriedade, como marcas e patentes.

Em contabilidade, tudo aquilo que se utiliza ou é consumido para produzir um serviço ou produto é considerado como um custo. Conceitualmente, a depreciação representa a recuperação para a despesa dos investimentos realizados e utilizados na geração do produto ou serviço. Exceto os terrenos, que não se "desgastam" ou "consomem", todos os ativos utilizados na geração de produtos ou serviços têm uma vida de utilidade definida, ou seja, a empresa utilizará esses ativos na produção de bens ou serviços por um número finito de anos (períodos contábeis) até que se desgastem inteiramente, ao contrário de outros bens (custos e despesas) que se consomem imediatamente no processo produtivo como: insumos, embalagens, mão de obra, etc.

Essa "vida definida" é o tempo que o ativo levará para se "consumir" ou "desgastar" durante o processo produtivo (virar custo). Analisando o custo por outro ângulo, percebe-se que a matéria-prima, quando transita do estoque para o resultado, pode ser apropriada diretamente como custo no resultado (quando vendida), diferentemente de uma máquina. Essa última possui um processo de desgaste mais longo. Assim, as autoridades fiscais estabelecem o tempo em que a máquina poderá ser recuperada na forma de custo ou despesa, dentro do resultado. Dessa leitura, resta certo que não seria "justo" apropriar o custo da máquina no momento da compra, mas no transcorrer do tempo em que ela se desgasta.

Com base nesse conceito, o processo de conversão lenta e gradativa dos investimentos em custo ou despesa é chamado de **depreciação**. Os investimentos ou imobilizados devem perder totalmente o valor durante a vida útil (podendo ter um valor residual). Assim, gradativamente, uma pequena parcela mensal deles, será levada para custo ou despesa no resultado (quadro 21). Resumidamente, verificamos que a diferença conceitual daquilo que denominamos "custos ou despesas" com os "investimentos", reside no fato de que estes "demoram" mais para se transformarem em resultado, ou para se consumirem e/ou se desgastarem durante a produção.[40]

Ativo fixo ou investimentos – vida útil contábil[40] segundo a Receita Federal (anos)	
Imóveis (prédios e edificações)	25
Computadores (impressoras, máquinas)	5
Veículos (automóveis e caminhões)	5
Máquinas	10
Mobiliário (mesa, cadeira, armário)	10

QUADRO 21: Ativos Fixos e Investimentos

Custos e Despesas

As diminuições no Patrimônio Líquido resultante de transações da empresa denominam-se Despesas. Em contabilidade, tudo aquilo que se utiliza ou é consumido para produzir um produto ou prestar um serviço é considerado um custo de produção: insumos, propaganda, salários, encargos, peças e componentes de reposição. A Lei 6404/76, entretanto, estabelece a seguinte divisão no que diz respeito ao tema:

- **CUSTOS** – consistem da apropriação de todos os materiais e serviços utilizados ou consumidos diretamente na produção do bem ou na prestação do serviço;

- **DESPESAS OPERACIONAIS** – constituem as despesas pagas ou incorridas para vender produtos ou serviços e administrar a empresa, também chamadas de over head[41] ou despesas indiretas.

---

[40] Eventualmente, mediante condições, estes prazos podem mudar. Para maiores informações consulte RIR na www.receita.fazenda.gov.br

[41] O chamado over head são as despesas adicionais ou indiretas, por exemplo, além do salário pago ao empregado, a empresa desembolsa também INSS, FGTS, férias, 13º, etc.

Conceitualmente, de acordo com o Item II do artigo 187 da Lei 6404/76, o "custo" dos serviços prestados, a ser computado no exercício, deve ser correspondente às receitas dos serviços reconhecidos no mesmo período. Em contabilidade, não se podem computar custos ou despesas que não foram realizadas no mesmo período e com o objetivo de gerar a receita relativa àquele mesmo projeto (os Contadores o denominam de Princípio da Confrontação de Receitas e Despesas). O próprio Princípio da Competência, utilizado na Contabilidade das organizações, refere-se ao cômputo de tais valores de forma simultânea, quando se correlacionarem.

Assim, na conceituação contábil, denominamos "custos" tudo aquilo que foi "consumido" diretamente na produção ou na fabricação de um produto, ou mesmo para a prestação de um serviço:

- **Custo da Mercadoria Vendida** – CMV;
- **Custo do Serviço Prestado** – CSP.

Quando uma empresa adquire determinada matéria-prima e a estoca, essa matéria-prima apenas se transformará em "custo" no instante da sua "saída" do estoque. A apuração de custos está diretamente associada à apuração de estoques da empresa, pois representa a baixa efetuada nas contas de estoques, por vendas realizadas.

Nesse mesmo sentido, a apropriação de mão de obra como "custo" é realizada mensalmente mediante apropriação feita pela folha de pagamentos. Na mesma linha conceitual, também a depreciação é apropriada na medida em que se recupera para o resultado a parcela do investimento realizado. As demais contas de custos são debitadas diretamente pela sua ocorrência, mas apenas quando identificadas com a produção do bem ou do serviço. Os principais tipos de custos e despesas podem ser identificados por meio do quadro 22.

Custos
Matéria-prima direta (baixas de estoques)
Materiais diretos (diversos consumidos)
Mão de obra direta
Embalagens
Depreciação direta
Aluguéis diretos
Utilidades diretas (luz, água, telefone, correio)
Serviços de terceiros (cantina, terceirizações, vigia)
Despesas
Mão de obra de Vendas
Comissões, bonificações
Publicidade e propaganda
Mão de obra da Administração
Honorários de diretores
Despesas gerais (cantina, vigia, conservação)

QUADRO 22: **Custos e Despesas Operacionais**

Entretanto, não pense o leitor que a definição precisa de custos e despesas seja algo trivial, pois não é fácil se definir precisamente o que seja um custo. Frequentemente, o custo de um bem ou direito é o preço que se tem de pagar por sua aquisição. Mas nem sempre o custo de um bem é igual a seu preço de compra, simplesmente. Assim, o custo de uma máquina costuma ser representado pelo seu preço adicionado ao custo de transporte, seguro e aos valores de sua instalação, até que esteja em condições de uso nas operações da empresa.

Outras vezes o custo é determinado por via indireta, como no caso de produtos acabados em uma fábrica. Nesse caso, o custo será determinado não apenas pelo preço da matéria-prima empregada na fabricação do produto e pela mão de obra direta, mas também pelo que mais se teve de pagar para a obtenção daquele bem (ativo), como, por exemplo, as horas de mão de obra indireta. Quando se estuda o processo de apropriação dos custos de fabricação dos produtos fabricados, vê-se com mais detalhes como se determina, contabilmente, o custo total desses produtos. Por ora, como contabilidade não é o nosso propósito, é suficiente que se tenha em mente a ideia, ainda que muito simples, de que o custo de um bem ou direito é o que se tem de pagar por esse bem ou direito, pelo menos na maioria das vezes.

1.14. Receitas

Qualquer aumento no Patrimônio Líquido resultante de uma transação da empresa denomina-se Receita.

Inicialmente, é necessário fazer uma distinção conceitual, dado ao assunto, por vezes, gerar desentendimentos pelo mau emprego dos termos técnicos, normalmente confundidos: vendas, receitas, faturamento e arrecadação. Assim:

- **Vendas:** total dos pedidos emitidos no mês;
- **Faturamento:** somatório do valor das faturas (notas fiscais) emitidas no mês; em regra geral, independe da época em que o serviço foi prestado ou o produto vendido ou entregue;
- **Receita:** parcela de serviço prestado, mercadoria ou produto vendido efetivamente dentro do mês e que provoque aumento do Patrimônio Líquido;
- **Arrecadação:** montante financeiro que ingressou no caixa da empresa proveniente do faturamento.

Observe-se que a receita de serviços guarda uma estreita relação com a competência do exercício de sua realização, ou seja, não importa quando a venda foi realizada, quando o serviço foi faturado e muito menos quando foi arrecadada. A receita sempre será considerada no período em que o serviço foi prestado (ou a mercadoria ou produto foi entregue), pelo menos em regra geral (quadro 23).

Para as empresas de prestação de serviço, telecomunicações, por exemplo, se o cliente realizou uma chamada interurbana em 15 de novembro, faturada em 28 de dezembro e paga em 4 de janeiro, a receita decorrente dessa chamada será contabilizada no mês de novembro.

Mês 1	Mês 2	Mês 3	Mês 4
Venda	**Receita**	**Faturamento**	**Arrecadação**
Venda ou pedido	Prestação do serviço ou entrega do produto	Emissão da fatura	Cobrança da fatura

Quadro 23: **Comparação conceitual de Venda/Receita/Faturamento/ Arrecadação**

Para fins de apuração da receita, devem ser computados os produtos resultantes da venda de bens ou da prestação de serviços efetivamente realizadas no mês. Para as empresas industriais e comerciais, a receita é computada no instante da emissão da nota fiscal (prática de mercado), uma vez que a mercadoria não pode transitar do estoque do vendedor para o consumidor sem o respectivo documento fiscal (quadro 24). Na área de prestação de serviços, constitui-se receita a utilização do serviço pelo cliente; nesse caso, independentemente da data em que a nota fiscal foi emitida.

Receita – indústria e comércio
Emissão da nota fiscal que acompanha o produto vendido:
Eletrodomésticos
Máquinas e equipamentos
Receita – serviços
Prestação do serviço
Utilidades
Consumo de Luz
Utilização de telefone
Consumo de água
Planos de saúde
Transporte em geral
Reparos e manutenções (veículos, máquinas)

Quadro 24: **Conceituação de Receita**

A contabilidade das empresas, portanto, não adota como receita e despesa o regime de caixa. Nesse tipo de regime, quando recebemos ou pagamos é que consideramos receita e despesa. A contabilidade organizacional adota o regime de competência, conforme foi descrito neste capítulo.

Bem, aqui encerramos uma primeira parte deste livro, com os principais conceitos e aspectos relacionados às operações de financiamento e funcionamento das atividades empresariais. No próximo capítulo será abordada uma metodologia específica para a análise da situação de financiamento empresarial: a visão financeira.

Capítulo 2

Análise da Situação de Financiamento Empresarial — Uma Visão Financeira

2. ANÁLISE DA SITUAÇÃO DE FINANCIAMENTO EMPRESARIAL — UMA VISÃO FINANCEIRA

RESUMO:

Este capítulo resume a visão estritamente financeira da análise empresarial, especialmente voltada para os resultados reais, considerando os demonstrativos econômico-financeiros, expressos por meio do emprego das técnicas de valor do dinheiro no tempo.

Discorre este capítulo também sobre os aspectos relacionados às formas de indexar dados econômico-financeiros, as técnicas utilizadas, as restrições do uso da conversão dos balanços em moeda estrangeira, os melhores índices ou aqueles que melhor refletem as variações da moeda. A indexação aos índices de inflação tem como objetivo verificar se realmente ocorreu uma evolução dos dados contábeis, quando descontados os efeitos da perda de poder aquisitivo da moeda, tão comuns no Brasil.

Finalmente, a partir de dados econômico-financeiros, são apresentados exemplos práticos de análise e de conversão de informações financeiras em moeda forte.

2.1. ESTABELECENDO INDICADORES ECONÔMICOS

É saudável estabelecer indicadores econômico-financeiros internos para avaliar o desempenho e a competência dos administradores. Um método bastante simples e eficiente consiste em estabelecer um sistema de articulações, embasado na lógica do MADEF – Modelo de Avaliação Econômico-Financeira da Telebras, abrangendo o ciclo econômico da empresa. A Telebras, empresa federal de capital estatal, foi holding de um conjunto de 64 empresas prestadoras de serviços de telecomunicações em todo o Brasil, privatizadas em 1998[1], por ser uma empresa de engenharia tinha sérios problemas para explicar aos seus gerentes e diretores os resultados econômicos e financeiros; assim, desenvolveu um sistema de articulações, chamado internamente de "Aranha", no qual as contas contábeis se articulavam de maneira lógica facilitando o entendimento dos resultados pelos seus gerentes, majoritariamente com formação em engenharia. A Aranha, por ser basicamente lógica, foi concebida baseada no modelo de avaliação econômico-financeiro da multinacional do ramo de petróleo e química, DuPont, oferece um sistema de articulações de fácil assimilação e entendimento pelo corpo gerencial, não sendo necessários profundos conhecimentos contábeis para sua interpretação. O modelo esquemático apresentado a seguir era expandido em nível de conta contábil, transformando-se assim numa poderosa ferramenta gerencial, haja vista que da sua articulação é possível retirar uma série interminável de indicadores econômicos e financeiros, em linha com a administração da Empresa, cujo foco gerencial era totalmente alicerçado na administração por objetivos (APO[2]), direcionando a gestão por resultados, donde se explica o enorme sucesso de gerência e controle que aquela empresa estatal apresentava, tornando-se, na sua época, um marco de gestão, inclusive reconhecido internacionalmente.

Da articulação abaixo representada na figura 3, podem ser retirados indicadores de desempenho, estabelecendo metas e desafios aos gerentes apenas "olhando para dentro" da empresa (*benchmarking* interno).

Sugestões:	Receita / Ativo (rotação do ativo)	Despesas / Receitas
	Depreciação / Receita	Lucro / Receitas
	Lucro / Ativo	Lucro / Capital Próprio

[1] Exceto a holding que ainda permanece estatal, veja em www.telebras.com.br.

[2] Modelo de administração, na qual a gerência é totalmente voltada para atendimento de objetivos estratégicos e funcionais. Inicialmente proposto pelo Professor Peter Drucker, em 1954.

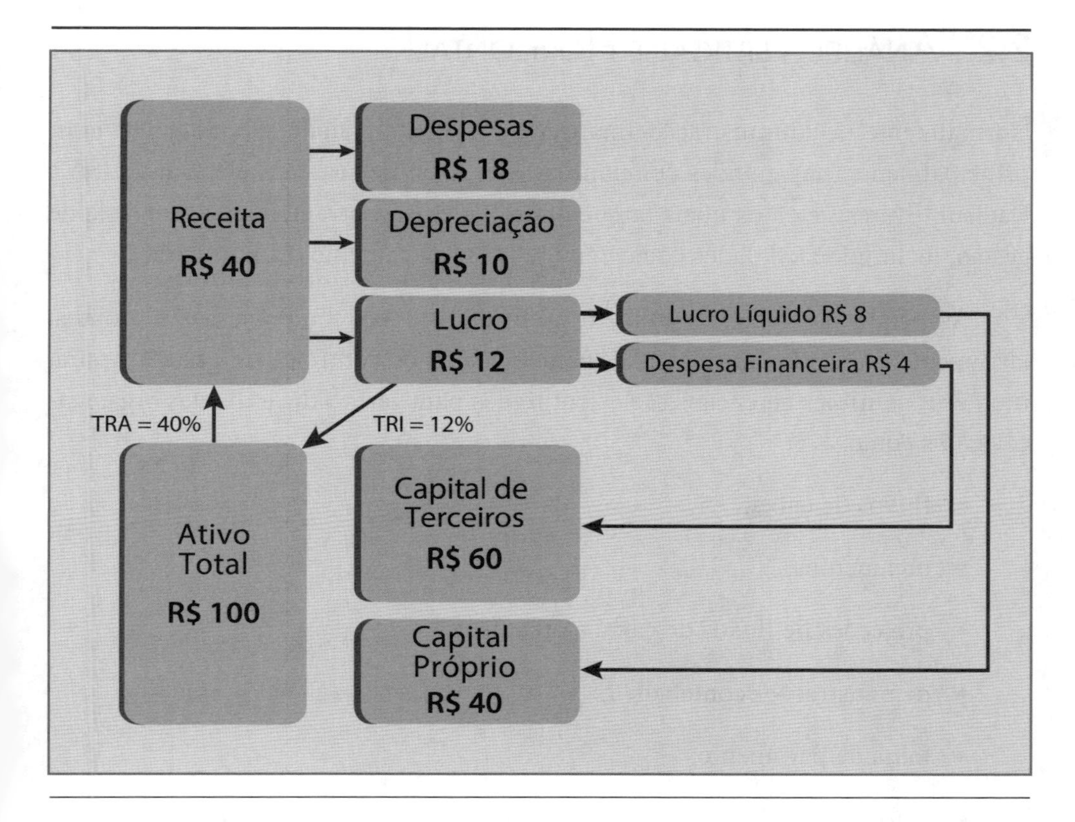

FIGURA 3: Modelo de diagrama Aranha ou modelo DuPont de análise e avaliação financeira e articulação de indicadores

A análise da figura 3 mostra que uma empresa que investiu hipoteticamente R$ 100 em ativos, e com estes gera uma receita de R$ 40, consequentemente tem uma rotação do ativo de 40%. Ora, quanto mais eficiente a administração, maior será esta relação, ou seja, produzir mais receita com o mesmo ativo. Assim, um indicador pode ser colocado como forma de desafio ao corpo gerencial, elevar a rotação do ativo para 45%, por exemplo. A Aranha representada na forma de contas contábeis traduz-se numa maneira fácil e prática de gerenciamento de desempenho.

2.2. ANÁLISE VERTICAL E HORIZONTAL

Normalmente, a administração financeira e a contabilidade são desenvolvidas, principalmente, nas grandes companhias, por meio de sistemas eletrônicos (SAP, Datasul, Everest, etc), os quais também são poderosas ferramentas de controle de gestão, incluindo facilidades como contabilidade, orçamento e administração.

As pequenas empresas também utilizam sistemas computacionais prontos, largamente oferecidos no mercado, para executar os controles de gestão. Assim, inúmeros controles gerenciais são estruturados para gerir o dia a dia das organizações, tais como:

- fluxos de caixa;
- orçamentos;
- projeções de fluxos de caixa e orçamento;
- demonstrações contábeis;
- folha de pagamento;
- autorizações de pagamentos, contas a pagar; contas a receber;
- controles e relatórios extra contábeis;
- instrumentos de auxílio ou composição dos dados contábeis.

Esses controles gerenciais ou fiscais tornaram milhares de dados de difícil análise. Um bom instrumento de verificação das informações, para detectar erros imperceptíveis no meio do infinito universo dos dados, é o da análise vertical e horizontal. Esses exames não devem ser ocasionais, mas frequentes e realizados por meio do sistema e emitidos juntamente com os relatórios. Esses relatórios também são indicados para verificar a tendência dos saldos das contas contábeis ou do controle do desempenho.

Inicialmente, vamos analisar os dados verticalmente, ou seja, transformamos a primeira linha em "100", no caso presente, o Produto "A", e as demais linhas ou itens em percentuais relativos a essa primeira. Observe no quadro 25 que, em relação ao Produto "A", os produtos "B", "C" e "D" são menores, pois a receita de "A" é maior. Ainda com relação ao produto "C", uma revisão mais cuidadosa deverá ser aplicada, pois como se pode verificar, a análise evidenciou uma anormalidade (atípica ou "errática") no mês de fevereiro: ou as vendas foram muito elevadas ou algum erro de apropriação contábil foi realizado.

Receita Operacional Líquida (R$ mil)				
		Janeiro	Fevereiro	Março
Receita Operacional Líquida		R$ 475.338	R$ 569.608	R$ 558.451
Produto A	Valor	R$ 161.932	R$ 204.411	R$ 191.523
	%	34%	36%	34%
Produto B	Valor	R$ 123.373	R$ 147.440	R$ 152.927
	%	26%	26%	27%
Produto C	Valor	R$ 58.559	R$ 48.811	R$ 72.596
	%	12%	9%	13%
Produto D	Valor	R$ 131.474	R$ 168.946	R$ 141.405
	%	28%	30%	25%

Quadro 25: Análise Vertical

A análise vertical é bastante reveladora quanto ao desempenho empresarial. No exemplo a seguir, a DRE (Demonstração do Resultado do Exercício) da Empresa GCH, apresentada no quadro 26, foi encerrada em X3. Ela mostra que o desempenho da empresa, quando comparado com o ano anterior, foi absolutamente em linha, ou seja, a empresa basicamente apresentou em X3, em termos percentuais, o mesmo resultado de X2, o que revela, nesses tempos de concorrência acirrada no ramo de atuação da Empresa GCH, um bom resultado da administração. Observe que o Custo da Mercadoria Vendida representava 61% da Receita Operacional Bruta em X2, mantendo o mesmo percentual em X3. A empresa atua no setor de supermercados, um ambiente difícil e de margens baixas, como se pode observar pela Margem Líquida.

A última linha apresenta o EBITDA (Earnings Before Interests, Taxes, Depreciation and Amortization). Essa é uma tradicional medida de geração de fluxo de caixa operacional, que representa o lucro das operações antes dos juros, da tributação e da depreciação e amortização, acontecendo o mesmo resultado com o Lucro Líquido do Exercício que representou 2% nos dois anos comparados. O leitor deve ter em mente que estas comparações devem ser realizadas mensalmente; o exemplo do quadro 26 está estabelecido em anos, cujo intervalo de tempo é muito grande. Se o empresário constatar alguma irregularidade ou mau desempenho um ano após o ocorrido, não haverá mais tempo hábil para corrigi-lo.

DRE da GCH em 31/12/X3 (milhões de R$)				
Item	X3	Análise vertical	X2	Análise vertical
Receita Operacional Bruta	R$ 12.788	100%	R$ 11.154	100%
Deduções da Receita Operacional Bruta (ROB)	-R$ 1.982	16%	-R$ 1.699	15%
Receita Operacional Líquida (ROL)	R$ 10.806	85%	R$ 9.455	85%
Custo da Mercadoria Vendida	-R$ 7.764	61%	-R$ 6.810	61%
Lucro Bruto	R$ 3.042	24%	R$ 2.645	24%
Despesas com Vendas	-R$ 1.709	13%	-R$ 1.514	14%
Despesas Gerais e Administrativas	-R$ 431	3%	-R$ 350	3%
Depreciação e Amortização	-R$ 454	4%	-R$ 414	4%
Impostos e Taxas	-R$ 43	0%	-R$ 72	1%
Despesas Financeiras	-R$ 760	6%	-R$ 602	5%
Receitas Financeiras	R$ 575	5%	R$ 439	4%
Resultado da Equivalência Patrimonial	-R$ 9	0%	-R$ 10	0%
Lucro Operacional	R$ 210	2%	R$ 123	1%
Resultado não Operacional	R$ 5	0%	R$ 5	0%
Lucro Antes do IRPJ e CS	R$ 216	2%	R$ 127	1%
IRPJ e Contribuição Social	R$ 10	0%	R$ 118	1%
Lucro Líquido do Exercício (LLE)	R$ 225	2%	R$ 245	2%

Ebitda	R$ 902	**7%**	R$ 763	**7%**
Margem Ebitda (Ebitda / Receita Operacional Líquida)	8%		8%	
Margem Líquida (LLE / Receita Operacional Líquida)	2%		3%	

Quadro 26: Demonstração de Resultado da Empresa GCH

Outra maneira de analisar os dados é pela análise horizontal. No exemplo do quadro 27, transformamos todos os dados de janeiro em "100" e os meses subsequentes em percentuais relacionados a janeiro. Assim, a análise horizontal do quadro 25 mostra a tendência, não em relação a um produto, mas do processo evolutivo no tempo do próprio produto. Novamente, o produto "C" apresenta um comportamento atípico em fevereiro, evoluindo de forma errática e destoando do conjunto. De toda forma, a análise deve concentrar-se em dois aspectos: (i) a evolução das vendas do produto comparativamente com a inflação; (ii) e a evolução das vendas do produto com os demais, por exemplo.

Receita Operacional Líquida (R$ mil)				
		Janeiro	Fevereiro	Março
Receita Operacional Líquida	Valor	R$ 475.338	R$ 569.608	R$ 558.451
	%	100%	120%	117%
Produto A	Valor	R$ 161.932	R$ 204.411	R$ 191.523
	%	100%	126%	118%
Produto B	Valor	R$ 123.373	R$ 147.440	R$ 152.927
	%	100%	120%	124%
Produto C	Valor	R$ 58.559	R$ 48.811	R$ 72.596
	%	100%	83%	124%
Produto D	Valor	R$ 131.474	R$ 168.946	R$ 141.405
	%	100%	129%	108%

Quadro 27: Análise Horizontal

O raciocínio poderá ser estendido para todas as contas de receitas e despesas da empresa: Demonstrações de Resultados, Balanços Patrimoniais, Orçamentos, entre outros.

Inúmeras tendências e conclusões poderão ser retiradas em termos numéricos, de projeção e de mercado. Pode-se estender a análise para as demonstrações financeiras e acompanhar mensalmente por meio das séries temporais a tendência dos resultados. A detecção de erros também é facilitada, pois se percebem variações bruscas, detectáveis apenas quando representadas na forma percentual (quadro 27).

Item	Janeiro	Fevereiro	Março	Abril	Maio
Receita Operacional Bruta (ROB)	R$ 12.788	R$ 12.700	R$ 12.640	R$ 12.900	R$ 12.904
	100%	99%	99%	101%	101%
Deduções da Receita	R$ 1.982	R$ 1.900	R$ 1.901	R$ 1.999	R$ 1.800
	100%	96%	96%	101%	91%
Receita Operacional Líquida (ROL)	R$ 10.806	R$ 10.800	R$ 10.739	R$ 10.901	R$ 11.104
	100%	100%	99%	101%	103%
Custo das Mercadorias Vendidas	R$ 7.764	R$ 7.800	R$ 7.900	R$ 7.650	R$ 7.744
	100%	100%	102%	99%	100%
Lucro Operacional Bruto	R$ 3.042	R$ 3.000	R$ 2.839	R$ 3.251	R$ 3.360
	100%	99%	93%	107%	110%
Despesas com Vendas	R$ 1.709	R$ 1.800	R$ 1.804	R$ 1.750	R$ 1.760
	100%	105%	106%	102%	103%
Despesas Gerais e Administrativas	R$ 431	R$ 450	R$ 500	R$ 502	R$ 460
	100%	104%	116%	116%	107%
Depreciação e Amortização	R$ 455	R$ 460	R$ 461	R$ 463	R$ 466
	100%	101%	101%	102%	102%
Impostos e Taxas	R$ 43	R$ 44	R$ 45	R$ 56	R$ 55
	100%	102%	105%	130%	128%

Despesas Financeiras	R$ 76	R$ 77	R$ 78	R$ 79	R$ 83
	100%	101%	103%	104%	109%
Receitas Financeiras	R$ 55	R$ 56	R$ 67	R$ 66	R$ 55
	100%	102%	122%	120%	100%
Lucro Operacional	R$ 383	R$ 225	R$ 18	R$ 467	R$ 591
	100%	59%	5%	122%	154%
Resultados não Operacionais	R$ 5	R$ 4	R$ 6	R$ 5	R$ 4
	100%	80%	120%	100%	80%
Lucro Antes do IRPJ e CSLL	R$ 388	R$ 229	R$ 24	R$ 472	R$ 595
	100%	59%	6%	122%	153%
Imposto de Renda e Contribuição Social Sobre o Lucro Líquido	R$ 12	R$ 11	R$ 12	R$ 13	R$ 14
	100%	92%	100%	108%	117%
Lucro Líquido do Exercício (LLE)	R$ 376	R$ 218	R$ 12	R$ 459	R$ 581
	100%	58%	3%	122%	155%
Ebitda	R$ 859	R$ 706	R$ 490	R$ 943	R$ 1.085
	100%	82%	57%	110%	126%
Margem Ebitda (Ebitda / ROL	7,9%	6,5%	4,6%	8,7%	9,8%
Margem Líquida (LLE / ROL)	3,5%	2,0%	0,1%	4,2%	5,2%

Quadro 28: Análise Horizontal da DRE.

A análise do quadro 28 mostra que as deduções da receita apresentam um resultado incoerente. Seu percentual em relação à ROB varia bruscamente no mês de maio, significando uma anormalidade a ser verificada. Também merece ser investigada a brusca baixa de Margem Líquida do mês de março. A grande quantidade de números e a inflação obscurecem a visão do analista.

2.3. ANÁLISE POR MEIO DE ÍNDICES DE INFLAÇÃO

Historicamente, o processo inflacionário tem sido cruel com todos os brasileiros, perturbando-os indiscriminadamente. De modo geral o Brasil alterna períodos péssimos com ruins. Os administradores não são exceções e, por conseguinte, não conseguem fugir desse pesadelo. A inflação distorce os dados, tornando-os incomparáveis de um ano para o outro, quando analisados ou comparados em valores correntes. Para evitar essas distorções, os dados precisam ser manipulados no tempo, de modo a representarem a mesma moeda, ou seja, um determinado dado de balanço de dezembro de um ano, que apresentou uma inflação de 15%, não pode ser diretamente comparado com o mesmo dado do ano seguinte. Essa comparação apenas será possível se um dos dados for indexado a uma moeda forte ou se a comparação for realizada por meio de índices. A título de ilustração, poderíamos transformar os dados em dólar e depois compará-los. Outra maneira de fazê-lo seria indexando os valores objetos da comparação a um índice de inflação (os indexadores ou índices de inflação). O Brasil é pródigo e prolífico em índices de inflação: IPCA do IBGE, IPC da FIPE, IGP-M da FGV, são bons exemplos.

Os indexadores, vários como são dentro da economia, têm a pretensão de verificar a variação monetária (perda de poder aquisitivo) ou taxa inflacionária em um período de tempo. Por características específicas pode-se verificar que essa tarefa é das mais difíceis num país com as dimensões continentais como o Brasil. Isso tudo sem mencionar as inúmeras diferenças e peculiaridades regionais. O quadro 29 mostra que os Institutos que calculam os índices não apuram resultados com diferenças significativas, apesar das peculiaridades regionais e metodológicas. Ao contrário do que dizem as pessoas desinformadas, o quadro 29 mostra que os índices não são manipulados. Os anos de 1990 até 1994 apresentaram altos índices de inflação, mas com resultados similares, mesmo que calculados pelo governo (IPCA – IBGE), por particulares (IGP – FGV) ou pelo mercado (Dólar).

ÍNDICE / INSTITUTO	1990	1991	1992	1993	1994	1995
INPC RESTRITO / IBGE	1585,18%	475,11%	1149,10%	2489,10%	929,32%	21,98%
IPCA AMPLO / IBGE	1620,96%	472,69%	1119,09%	2477,15%	916,43%	22,41%
ICV / DIEESE[2]	1849,68%	602,87%	1127,50%	2702,70%	1083,25%	46,19%
IPC / FIPE-USP	1639,08%	548,15%	1129,60%	2491,00%	941,32%	23,16%
IGP-DI / FGV	1476,71%	480,23%	1157,83%	2708,17%	1093,89%	14,78%
IGP-M / FGV	1699,70%	458,37%	1174,47%	2567,46%	1246,62%	15,25%
Dólar Americano - Comercial	1397,30%	528,50%	1059,00%	2532,40%	613,40%	14,95%
Dólar Americano - Paralelo	615,38%	590,86%	1180,70%	2126,00%	644,63%	13,94%

Quadro 29: Índices Selecionados – Variações Anuais
FONTE: FGVdados.br

Os principais índices econômicos, ou os mais aceitos são os medidos pelas seguintes entidades: Instituto Brasileiro de Geografia e Estatística (IBGE), Universidade de São Paulo (USP), Fundação Getúlio Vargas (FGV) e DIEESE.

Índice	Quem apura	Período de coleta de dados	Divulgação	Faixa de renda	Início	Bom para indexar
INPC	IBGE	De 1 a 30 do mês	Até dia 15	1 A 8 SM	1979	Contratos, negócios em geral
IPCA	IBGE	De 1 a 30 do mês	Até dia 15	1 A 40 SM		Contratos, negócios em geral
IPCA 15	IBGE	16 do mês anterior a 15 do mês referência	Até dia 25	1 A 40 SM	2000	Contratos, negócios em geral
IGP-M	FVG	De 21 de um mês a 20 do mês referência	Até dia 30		1989	Contratos e negócios do mercado financeiro
IGP-DI	FVG	De 1 a 30 do mês	Até dia 15		1944	Contratos empresariais, aluguéis, negócios no atacado
IPA	FVG	De 1 a 30 do mês	Até dia 15		1944	Contratos industriais, negócios no atacado
INCC	FVG	De 1 a 30 do mês	Até dia 15		1944	Contratos imobiliários
IPC-Br	FVG	De 1 a 30 do mês	Até dia 15	1 A 33 SM		Contratos, negócios em geral, salários
IPC	FIPE USP	De 1 a 30 do mês	Até dia 15	1 A 20 SM	1939	Contratos, negócios em geral, salários
ICV	DIEESE	De 1 a 30 do mês	Até dia 10	1 A 8 SM	1959	Contratos de trabalho, salários

Quadro 30: Principais Indexadores e Suas Aplicações
FONTE: Antonik, 2005

2.4. OS INDEXADORES NA PRÁTICA DE CONVERSÃO DE INFORMAÇÕES EM MOEDA CONSTANTE

Os indexadores são poderosas ferramentas para atualização de valores nos processos de análise de balanços e orçamentos. Eles também são indispensáveis nas comparações de medidas de desempenho.

Para exemplificar o poder de análise dos indexadores, utilizamos resultados financeiros dos anos 1991 e 1992. Os autores reconhecem que os dados parecem antigos e defasados, mas devido à inflação alta daquele período, para fins didáticos, a ilustração levantada ficará certamente mais fácil e compreensível ao leitor, além de ilustrar a força de análise proporcionada pelo indexador, quando manipulado adequadamente pelo analista financeiro.

Como se percebe pelo quadro 31, os valores da Demonstração de Resultados em moeda corrente são incomparáveis. Não se pode dizer que a Receita Operacional Bruta (ROB) de 1991, no valor de R$ 6.546.386,70[3], seja menor ou maior que a apresentada em 1992, no montante de R$ 64.388.698,81 – **as moedas são diferentes**. Ou seja, na vida real a receita da empresa não aumentou 884% ((R$ 64.388.698,81 / R$ 6.546.386,70 – 1) x 100).

Os valores correntes (nominais) de 1992 são expressivamente maiores, mas, em moeda forte, qual será essa relação? Os resultados da empresa foram melhores ou piores? Para fazer uma comparação efetiva e responder a essas indagações é necessário "igualar" os valores no tempo, pois a inflação distorceu os dados.

Mesmo quando se comparam dados de 2014, com níveis de inflação em torno de 6,5% ao ano, muito baixos se confrontados com o exemplo do quadro 31, a análise apenas será possível se os dados estiverem no mesmo instante de tempo. Um percentual de 6,5% de diferença poderá significar a morte de uma empresa. Lembre-se: 6,5% de milhões podem significar milhões.

Como os dados expressos em valores correntes não são comparáveis é necessário transformá-los em moeda forte (números de IGPs, por exemplo). Seria

---

[3] Ilustrativamente os autores utilizam o símbolo da moeda Real (R$), entretanto, na época do exemplo, a moeda brasileira teve duas denominações Cruzeiro (Cr$) de 16/3/90 a 31/7/93 e Cruzeiro Real (CR$) de 1/8/93 a 30/6/94.

possível transformar todos os valores em dólares, pois esse procedimento é mais facilmente compreensível pelas pessoas de modo geral, entretanto, ao "dolarizar" valores, incorre-se num grande perigo, pois a moeda americana é uma "mercadoria" disponível aos especuladores e, como tal, apresenta variações muito significativas de um período para outro, sem que existam razões operacionais para tanto.

Item	1992	1991	VARIAÇÃO %
Receita Operacional Bruta	R$ 64.388.698,81	R$ 6.546.386,70	884%
Deduções da Receita Operacional Bruta	R$ 7.958.443,17	R$ 741.705,61	973%
Receita Operacional Líquida	R$ 58.123.163,31	R$ 5.978.821,52	872%
Custo da Mercadoria Vendida	R$ 44.301.475,07	R$ 4.433.894,04	899%
Lucro Bruto	R$ 13.821.688,23	R$ 1.544.927,48	795%
Despesas com Vendas	R$ 473.461,13	R$ 82.748,14	472%
Despesas Gerais e Administrativas	R$ 1.281.049,11	R$ 70.396,38	1720%
Depreciação e amortização	R$ 2.640.566,71	R$ 243.791,73	983%
Resultado Financeiro	R$ 1.866.547,46	R$ 195.947,20	853%
Outras	R$ 1.752.908,59	R$ 192.101,18	812%
Lucro antes do IR e da CSLL	R$ 5.807.155,23	R$ 759.942,85	664%
IR e Contribuição Social	R$ 897.205,48	R$ 117.411,17	664%
Lucro Líquido do Exercício	R$ 4.909.949,75	R$ 642.531,68	664%
Margem Líquida	8,4%	10,7%	

Quadro 31: Demonstração do Resultado em Moeda Corrente – Milhares de Cruzeiros

No final de 2002, o dólar estava cotado em cerca de R$ 4,00 e, no final de 2005, essa mesma relação beirava os R$ 2,00. Já ao final de 2014 (outubro) a mesma relação variava em torno de 2,5 Reais para um Dólar Americano. Com variações tão significativas, corre-se o risco de introduzir distorções na análise. Por esse motivo, mesmo sendo mais difícil o entendimento para os leigos, recomenda-se indexar os resultados econômico-financeiros ao IGP ou outro indexador da economia.

Quando expressos na mesma moeda, os dados econômico-financeiros serão passíveis de comparação. Surge, no entanto, o problema do método mais adequado para fazer a transformação dos valores correntes ou nominais para a moeda forte. Qual a metodologia a utilizar: pela variação média anual do índice ou pela variação mensal? Uma das alternativas é efetuar a transformação pela média anual do índice; outra, mais difícil e trabalhosa, é transformar os valores no mês a mês. Esta última, no entanto, aproxima ainda mais os valores da realidade, e evita outras distorções causadas pelo uso da média. Primeiramente, exemplificamos a transformação pela variação Média do IGP-DI, da Fundação Getúlio Vargas.

Qualquer processo de indexação requer uma tabela com a variação do percentual de desvalorização da moeda medido pelo índice, bem como do valor mensal alcançado pelo "número índice" desse mesmo indexador. No exemplo que será analisado a seguir, vamos utilizar o IGP-DI da FGV. O quadro 31 é constituído com duas colunas para cada ano, sendo a primeira coluna com título "valor" a expressão do número índice do IGP-DI, cuja data base (100,00) é o mês de agosto de 1994. A segunda coluna do ano representa a variação percentual do IGP-DI naquele mês. Na penúltima linha da tabela, mostra-se o número índice do ano, o qual é o mesmo de dezembro, bem como a inflação medida de forma acumulada no ano. A última linha é um artifício para calcular o número índice médio e, como consequência, a inflação média do ano. Esse procedimento será útil quando a comparação for realizada com valores correntes, pois o IGP-DI médio não deixa de ser também um "valor corrente" do ano. Observe que a média do valor do número índice é a média aritmética dos valores dos 12 meses, ou seja, para encontrar o número índice médio (valor) do IGP-DI de 1992, simplesmente somamos os índices de janeiro até dezembro e dividimos por 12, encontrando 0,127022. A inflação média é a variação existente entre as médias de valor entre os anos ((2,78797 / 0,127022 – 1) x 100) = 2.103,40%).

Mês	1990		1991		1992		1993	
	Índice	%	Índice	%	Índice	%	Índice	%
Janeiro	0,000478206	71,90%	0,00526039	19,93%	0,0322808	26,84%	0,412090	28,73%
Fevereiro	0,000820984	71,68%	0,00637086	21,11%	0,0402832	24,79%	0,521335	26,51%
Março	0,001488610	81,32%	0,00683275	7,25%	0,0486218	20,70%	0,666318	27,81%
Abril	0,001657270	11,33%	0,00742993	8,74%	0,0576363	18,54%	0,854286	28,21%
Maio	0,001807750	9,08%	0,00791511	6,53%	0,0705756	22,45%	1,129960	32,27%
Junho	0,001970810	9,02%	0,00869554	9,86%	0,0856930	21,42%	1,477090	30,72%
Julho	0,002226620	12,98%	0,00981118	12,83%	0,1042800	21,69%	1,949170	31,96%
Agosto	0,002514520	12,93%	0,01133090	15,49%	0,1309130	25,54%	2,602720	33,53%
Setembro	0,002808970	11,71%	0,01316540	16,19%	0,1667440	27,37%	3,565470	36,99%
Outubro	0,003206720	14,16%	0,01656870	25,85%	0,2083300	24,94%	4,818380	35,14%
Novembro	0,003766290	17,45%	0,02083670	25,76%	0,2587870	24,22%	6,599250	36,96%
Dezembro	0,004386220	16,46%	0,02545000	22,14%	0,3201190	23,70%	8,989500	36,22%
Ano	0,004386220	1476,71%	0,02545000	480,23%	0,3201190	1157,83%	8,989500	2708,17%
Médio	0,002261081	2740,23%	0,01163896	414,75%	0,1270220	991,35%	2,798797	2103,40%

QUADRO 32: IGP-DI-Coluna 2 – Fundação Getúlio Vargas

FONTE: FGV – www.fgv.com.br – os valores médios foram calculados pelos autores.

De posse da tabela do IGP-DI com o número índice e as variações mensais tabuladas, é possível iniciar o processo de indexação.

Inicialmente, vamos atualizar os valores de 1991 para a mesma moeda de 1992, por meio da média anual do IGP-DI (0,127022 para 1992 e 0,01163896 para 1991). A operação consiste em transformar o valor da Receita Operacional Bruta de 1991 no valor de R$ 6.546.386,70 em números de IGP, pela divisão do valor pelo número índice médio do IGP-DI de 1991 (0,011638962). Isso feito, encontramos a Receita expressa em números de IGP-DI's (506.909.917,05). Finalmente, basta multiplicar esse número de IGP's pelo valor do número índice do IGP-DI em dezembro de 1992 (0,320119), obtendo o valor de R$ 180.052.484,56. Resumindo, transformando o total da Receita Operacional Bruta, expresso em moeda corrente de 1991, pela média do IGP no ano. Tem-se:

Receita Operacional Bruta	1991
Receita Operacional Bruta moeda corrente do ano	R$ 6.546.386,70
Número índice do IGP-DI médio do ano de 1991	0,011639
Receita Operacional Bruta em IGP-DI médio	562.454.851,34
IGP-DI de 31 de dezembro de 1992	0,320119
Receita Operacional Bruta em moeda (R$) de 31/12/92	R$ 180.052.484,56

Quadro 33: Atualização Monetária da ROB

Como o leitor tem o número índice do IGP-DI desde o ano de 1944 até a data de hoje, uma vez que a receita esteja transformada em número de IGP-DI's, poderá facilmente "transportá-la" para moeda da data desejada com uma simples multiplicação. O valor de R$ 180.052.484,56 foi atualizado, "transportado no tempo" e, agora, está expresso em moeda de 31 de dezembro de 1992, não mais em moeda de média ou corrente de 1991.

Uma vez atualizados os valores de 1991, basta aplicar o mesmo procedimento para obter a Receita Operacional Bruta de 1992, expressa em valores correntes, para moeda de 31 de dezembro de 1992, por meio da média anual do IGP (0,127022). A operação consiste em transformar o valor da Receita Operacional Bruta de 1992 no valor de R$ 64.388.698,81 em números de IGP-DI's, dividindo-a pelo valor (número índice) do IGP-DI médio de 1992 (0,127022). Isso feito, encontra-se o número de IGP-DI's (506.909.917,05). Finalmente, basta multiplicar esse número de IGP-DI's pelo valor (número índice) do IGP-DI em dezembro de 1993 (0,320119), obtendo assim o valor da receita de R$ 162.271.495,74.

Resumindo, transformando o total da Receita Operacional Bruta pela média do IGP no ano, tem-se:

Receita Operacional Bruta	1992
Receita Operacional Bruta moeda corrente do ano	R$ 64.388.698,81
Número índice do IGP-DI médio do ano	0,127022
Receita Operacional Bruta em IGP-DI médio	506.909.917,05

IGP-DI de 31 de dezembro de 1992	0,320119
Receita Operacional Bruta em moeda (R$) de 31/12/92	R$ 162.271.495,74

Quadro 34: Atualização Monetária da ROB

Uma vez que as receitas correntes dos anos de 1992 e 1993 foram transformadas em moeda do dia 31 de dezembro de 1993, resta agora efetuar uma simples comparação dos valores para verificar se essa conta evoluiu favoravelmente, de ano para ano, quando expressa em moeda da mesma data:

Item	1992	1991	Variação %
Receita Operacional Bruta moeda corrente do ano	R$ 64.388.698,81	R$ 6.546.386,70	883,58%
Receita Operacional Bruta em moeda (R$) de 31/12/92	R$ 162.271.495,74	R$ 180.052.484,56	-9,88%
Variação do IGP-DI médio de 1992, comparado com 1991	0,127022	0,011639	991,35%

Quadro 35: Comparativo da ROB atualizada monetariamente

Assim, ficou evidenciado que a Receita Operacional Bruta de 1992, em termos reais, foi 9,88% menor que em 1991. Ou seja, a ROB não apenas não cresceu, mas diminuiu em termos reais.

Uma alternativa muito mais elaborada para atualizar os valores no tempo é transformá-los de valores correntes de 1991 para moeda de 31 de dezembro de 1992, usando os valores mensais. Explicando melhor, transformar valores utilizando indexadores médios pode acarretar erros e distorções na análise. Por esse motivo, aconselha-se que as transformações, como a do exemplo da Receita Operacional Bruta em IGP-DI, seja realizada no próprio mês em que ocorreu e não pela média. Para esse exemplo, vamos utilizar os valores do quadro 31, em moeda corrente, mas discriminados mensalmente. Assim, partir do quadro 36, os valores serão transformados em moeda de 31 de dezembro de 1992 no próprio mês de ocorrências, não mais pela média.

O analista deve estar ciente de que o método de transformação em moeda forte, com a finalidade de análise, pode distorcer os dados. Já aconselhamos a não transformar números financeiros em dólar, pelo fato de a moeda apresentar comportamento errático. Da mesma forma, as transformações pela média anual do índice devem ser evitadas, pois, caso o processo de inflação seja descontínuo, com variações muito diferenciadas entre um período e outro, poderá acarretar distorção nos resultados. Para ilustrar o caso, vamos analisar um dos itens do quadro 36, ou seja, a Receita Operacional Bruta de 1991, a qual perfaz um total de R$ 6.355.715,25, decompondo esse total nos valores mensais que lhe deram origem.

As transformações pela média anual são recomendadas apenas para análises rápidas, devendo ser evitadas, na medida do possível, pois as variações mensais ocorridas na economia acarretam distorções nos valores transformados pela média. Nesse caso a maneira mais recomendada para atualizar os valores correntes para uma moeda atual é mês a mês. Vamos usar como exemplo o ano completo de 1991, transformando os valores pela média e mensalmente, para depois comparar e verificar se ocorreram muitas distorções.

Como se observa no quadro 36, os valores foram transformados em IGP-DI no próprio mês, totalizando um total de 546.154.285 IGP's. Ou seja, simplesmente foram tomados os valores em moeda corrente do mês e divididos pelo índice do IGP do mês. Veja o exemplo para setembro de 1991: valor da receita no mês de R$ 667.344,36, dividido pelo índice do IGP-DI de 0,013165, resultou num total de 50.689.258 IGP-DI's. Com esse raciocínio, foi possível transformar o total de IGP-DI encontrado mensalmente em moeda de dezembro de 1992. Transformando o total de IGP-DI's de 1991, que importa no total 546.154.285 IGP's, em moeda de 31 de dezembro de 1992, por meio do valor do IGP-DI de dezembro de 1992, resumidos no quadro 37. Observe que a distorção não é muito importante, os valores transformados pela técnica mensal foram 2,9% menores.

Mês	Receita Operacional Bruta (ROB) – 1991		
	ROB em Valor Corrente	Número índice do IGP-DI do mês	ROB em Número de IGP-DI's
Janeiro	R$ 225.971,00	0,005260	42.957.081
Fevereiro	R$ 253.087,52	0,006371	39.725.802

Março	R$ 283.458,02	0,006833	41.485.203
Abril	R$ 306.134,66	0,007430	41.202.900
Maio	R$ 327.564,09	0,007915	41.384.654
Junho	R$ 458.589,73	0,008696	52.738.499
Julho	R$ 522.792,29	0,009811	53.285.363
Agosto	R$ 580.299,44	0,011331	51.213.888
Setembro	R$ 667.344,36	0,013165	50.689.258
Outubro	R$ 774.119,45	0,016569	46.721.798
Novembro	R$ 905.719,76	0,020837	43.467.524
Dezembro	R$ 1.050.634,92	0,025450	41.282.315
Total	R$ 6.355.715,25		546.154.285

Quadro 36: Receita Operacional Bruta em IGP-DI's – 1991

Como se pode observar, devido aos níveis muito elevados de inflação apresentados nos períodos de análise (1991 e 1992), tendo em vista que a inflação, embora alta, foi subindo uniformemente, sem sobressaltos, os valores comparados, obtidos pela média e no mês a mês (a melhor forma de fazer), não são muito distintos. O valor transformado mensalmente é cerca de 2,90% menor que o encontrado pela média. Isso, no entanto, pode representar muito em alguns casos.

Receita Operacional Bruta em IGP-DI (mensal)	R$ 546.154.285,38	
IGP-DI de 31 de dezembro de 1992	0,320119	
Receita Operacional Bruta IGP-DI de dezembro/92	R$ 174.834.363,68	
Receita Operacional Bruta em IGP-DI (mensal)	R$ 174.834.363,68	
Receita Operacional Bruta em moeda (R$) de 31/12/92	R$ 180.052.484,56	-2,90%

Quadro 37: Receita Operacional Bruta em IGP-DI's – 1992

Após atualizar os valores de 1991, pela média e mensalmente, resta agora transformar também os valores correntes ou nominais de 1992 em moeda de 31 de dezembro de 1992, pois, como sabemos um valor corrente de janeiro de 1992, com um regime de inflação, não pode ser comparado com o valor corrente de dezembro do mesmo ano, muito menos somá-los, coisa que apenas a contabilidade pode fazer. Entretanto, conforme foi explicado anteriormente, para evitar distorções, a maneira mais indicada de fazer a transformação é mês a mês. Assim, vejamos a atualização, transformando os valores em IGP no próprio mês, simplesmente dividindo-o pelo índice do mês, conforme o quadro 38.

Mês	Receita Operacional Bruta (ROB) - 1992		
	ROB em Valor Corrente	Número índice do IGP-DI do mês	ROB em Número de IGP-DI's
Janeiro	R$ 1.171.609,00	0,0322808	36.294.299
Fevereiro	R$ 1.499.659,52	0,0402832	37.227.914
Março	R$ 1.829.584,61	0,0486218	37.628.895
Abril	R$ 2.213.797,38	0,0576363	38.409.776
Maio	R$ 2.745.108,76	0,0705756	38.896.003
Junho	R$ 3.486.288,12	0,0856930	40.683.464
Julho	R$ 4.427.585,91	0,1042800	42.458.630
Agosto	R$ 5.667.309,97	0,1309130	43.290.658
Setembro	R$ 7.027.464,36	0,1667440	42.145.231
Outubro	R$ 8.573.506,52	0,2083300	41.153.490
Novembro	R$ 10.656.868,60	0,2587870	41.180.077
Dezembro	R$ 13.214.517,07	0,3201190	41.280.015
Total	R$ 62.513.299,82		480.648.453

Quadro 38: Receita Operacional Bruta em IGP-DI's – 1992

Observando-se a tabela acima, os valores foram transformados em IGP a cada mês, totalizando um total de 480.648.453 IGP's. Ou seja, simplesmente tomamos os valores em moeda corrente do mês e dividimos pelo índice do IGP do mês. Veja o exemplo para setembro de 1992: valor da Receita Operacional Bruta no mês de R$ 7.027.464,36, dividido pelo número índice do IGP de 0,166744, resultou num total de 42.145.231 IGP's. Com esse raciocínio, vamos transformar o total de IGP encontrado na nossa transformação mensal em moeda de 31 de dezembro de 1992. Transformando o total de IGP's de 1993, 480.648.453 IGP's, em moeda de 31 de dezembro de 1992, por meio do valor do IGP de dezembro de 1992, tem-se uma ROB de R$ 153.864.702,00. Resumindo, o total das Receitas Operacionais Brutas de 1992, transformadas em moeda de dezembro de 1992, apresenta:

Receita Operacional Bruta em IGP-DI (mês a mês)	R$ 480.648.452,61	
IGP-DI de 31 de dezembro de 1992	0,320119	
Receita Operacional Bruta IGPDI de dez/92	R$ 153.864.702,00	
Receita Operacional Bruta em IGP-DI (mês a mês)	R$ 153.864.702,00	
Receita Operacional Bruta em moeda (R$) de 31/12/92	R$ 162.271.495,74	-5,18%

Quadro 39: Comparação da Receita Operacional Bruta em IGP-DI's – 1992

Como foi possível observar, pela razão de a inflação subir de maneira gradativa em 1992, a distorção alcançou um valor pouco importante na comparação dos dados em moeda forte, quando realizado pela média mensalmente, de quase -5,18% ((R$153.864.702,00 / R$ 162.271.495,74 – 1) x 100).

Finalmente, o quadro 40 sumariza as comparações de todos os valores, em moeda de dezembro de 1992, comparando os dois métodos de transformação. Para todos os efeitos, pode-se dizer que a ROB do ano de 1992, quando comparada com o ano de 1991, foi 11,99% menor ((R$153.864.702,00 / R$ 174.834.363,68 – 1) x 100). Deve-se reafirmar que os valores que mais espelham a realidade são aqueles atualizados pelo IGP-DI mensalmente.

Método de Transformação - IGP-DI	1992	1991	Variação %
Transformação pelo IGP Médio	R$ 162.271.495,74	R$ 180.052.484,56	-9,88%
Transformação pelo IGP de mês a mês	R$ 153.864.702,00	R$ 174.834.363,68	-11,99%
Variação do mês a mês com o médio	-5,18%	-2,90%	

Quadro 40: Resumo Comparativo

2.5. Metodologias de Manipulação de Valores e Índices

Existem várias maneiras de calcular a média do valor do índice de inflação no ano. Nos exemplos aqui mencionados, foram usados os mais simples, a média aritmética. Ademais, também é importante conhecer o método de cálculo do indexador utilizado, período de coleta, melhores aplicações, etc. No exemplo analisado no capítulo 2.4, mostramos duas metodologias de indexação, uma pelo valor médio do IGP-DI do ano e outra indexando os valores ao IGP-DI mensalmente. Eventualmente, indexações pelo índice médio podem acarretar distorções. Entretanto, se os dados contábeis forem entradas uniformes e se os valores contabilizados no mês não sofrerem efeitos de sazonalidade, ou seja, todos os dias contabilizam-se valores razoavelmente uniformes, os resultados das duas metodologias serão muito parecidos. Todavia, sabe-se que muitas vezes, isso não acontece na prática, assim, é preciso ficar atendo.

O próximo exemplo utiliza como indexador o Dólar americano. Para fazer a análise dos dados é necessária uma tabela com os valores do Dólar. Lembre-se que a moeda americana tem centenas de valores diferentes, uma para cada tipo de contrato ou operação (comercial, turismo, compra, venda, etc.). O valor mais comumente utilizado é o divulgado pelo Banco Central do Brasil, chamado de Dólar PTAX 800[4]. O quadro 41 mostra os valores para compra e venda desta moeda ao

[4] A cotação Ptax da moeda norte-americana, apurada pelo Banco Central, é a taxa de câmbio média ponderada entre as cotações do dólar e o volume de operações envolvendo cada uma destas taxas a que foi negociado ao longo do dia.

final do dia. O Dólar do mês é considerado pelo BACEN, como sendo o valor no último dia do mês, no exemplo abaixo R$ 2,238.

Movimento	Data	Compra	Venda	% Variação	Variação
baixa	29/08/2014	2,2380	2,2390	-0,01%	-0,0003
baixa	28/08/2014	2,2388	2,2393	-0,28%	-0,0063
baixa	27/08/2014	2,2449	2,2456	-0,82%	-0,0186
baixa	26/08/2014	2,2636	2,2642	-1,15%	-0,0263
alta	25/08/2014	2,2900	2,2905	0,44%	0,0101
alta	22/08/2014	2,2794	2,2804	0,53%	0,0121
alta	21/08/2014	2,2676	2,2683	0,23%	0,0052
alta	20/08/2014	2,2625	2,2631	0,57%	0,0129
baixa	19/08/2014	2,2496	2,2502	-0,37%	-0,0084
baixa	18/08/2014	2,2581	2,2586	-0,24%	-0,0054
baixa	15/08/2014	2,2625	2,2640	-0,24%	-0,0055
baixa	14/08/2014	2,2680	2,2695	-0,40%	-0,0092
alta	13/08/2014	2,2782	2,2787	0,01%	0,0002
alta	12/08/2014	2,2774	2,2785	0,18%	0,004
baixa	11/08/2014	2,2735	2,2745	-0,54%	-0,0124
baixa	08/08/2014	2,2859	2,2869	-0,39%	-0,009
alta	07/08/2014	2,2954	2,2959	0,98%	0,0223
baixa	06/08/2014	2,2731	2,2736	-0,40%	-0,0091
alta	05/08/2014	2,2822	2,2827	0,89%	0,0202
alta	04/08/2014	2,2610	2,2625	0,09%	0,002

Quadro 41: Tabela do Dólar Americano – valor do fechamento do dia

FONTE: Bacen

Seguindo este conceito, tomamos todos últimos valores do mês e colocamos no quadro 42. A coluna "valor" contém o preço pelo qual a moeda foi cotada no último dia útil do mês (fevereiro de 1991 = 223,430) e a coluna "%" contém a variação do mês, quando comparado com o período anterior, em abril de 1991 = 9,2% ((260,95 / 238,93 – 1) x 100).

Duas observações importantes. Para estabelecer o valor do Dólar do ano, simplesmente tomamos o valor de dezembro, em 1992 = R$ 12.387,50, é o mesmo valor do último dia útil do ano. Já para calcular o Dólar médio do ano, em 1992 de R$ 4.978,108, simplesmente somamos o valor dos doze meses e fizemos a média aritmética. Já a variação média é a comparação dos valores médios ((4.978,108 / 441,656) – 1) x 100) = 1.027,1%

Mas, algumas empresas, para fins gerenciais, não trabalham com esta cotação, elas encontram o Dólar médio do mês, fazendo a média aritmética dos meses. Apenas para ilustrar um caso, veja um exemplo abaixo no qual foram somados o valor do Dólar no mês, pela cotação do PTAX 800, com o do mês anterior e dividido por dois. Assim, o cálculo abaixo deveria ser repetido para todos os meses, de modo a formar uma nova tabela. Como você pode ver, o valor encontrado de R$ 3,1497 é ligeiramente diferente do valor oficial de R$ 3,4467. Acontece que a média suaviza a indexação e evita distorções.

maio/92 (1.US$)..	= $ 2,8491
junho/92..	= $ 3,4467
Dólar médio de junho/92 (($2,8491 + 3,4467) / 2)	= $ 3,1497

Mês	1990		1991		1992		1993	
	Valor	%	Valor	%	Valor	%	Valor	%
Janeiro	17,731	56,1%	220,140	29,4%	1.319,450	23,5%	15.720,000	26,9%
Fevereiro	30,636	72,8%	223,430	1,5%	1.630,850	23,6%	19.858,000	26,3%
Março	42,560	38,9%	238,930	6,9%	1.988,000	21,9%	25.121,000	26,5%
Abril	51,243	20,4%	260,950	9,2%	2.396,100	20,5%	32.268,000	28,5%
Maio	55,219	7,8%	284,700	9,1%	2.849,100	18,9%	41.700,000	29,2%

Junho	61,022	10,5%	312,230	9,7%	3.446,700	21,0%	4.336,000	30,3%
Julho	68,990	13,1%	346,570	11,0%	4.204,600	22,0%	71.153,000	31,0%
Agosto	71,674	3,9%	393,760	13,6%	5.131,000	22,0%	94,650	-99,9%
Setembro	84,223	17,5%	464,930	18,1%	6.400,000	24,7%	128,070	35,3%
Outubro	106,950	27,0%	645,020	38,7%	8.034,100	25,5%	174,000	35,9%
Novembro	144,710	35,3%	840,410	30,3%	9.949,900	23,8%	235,980	35,6%
Dezembro	170,060	17,5%	1.068,800	27,2%	12.387,500	24,5%	326,100	38,2%
Ano	170,060	1397,3%	1.068,800	528,5%	12.387,500	1059,0%	326,100	-97,4%
Média	75,418	2195,8%	441,656	485,6%	4.978,108	1027,1%	21.759,567	337,1%

Quadro 42: **Tabela do Dólar Americano – Valor do Último dia Útil do Mês**
FONTE: FGV – www.fgv.br

Todavia, algumas empresas, mais detalhistas ainda, considerando que o dólar oficial é um valor diário e que os valores correntes das informações contábeis entram uniformemente do 1º ao 30º dia, enxergam a necessidade de calcular dólar médio do mês construindo uma nova tabela ainda mais complexa. Ou seja, para encontrar o valor da moeda do mês, fazem uma média aritmética dos seus valores diários. Suponha que você some todos os valores do quadro 41, coluna "valor de compra" e divida por 20 (dias úteis de agosto de 2014), encontrará o valor de R$ 2,11618. Examinando novamente o quadro 41, você verá que o valor oficial do dólar em agosto de 2014, valor de compra, foi de R$ 2,238.

Existem inúmeras páginas disponíveis na internet nas quais encontramos esses dados prontos e formatados. Os melhores lugares para pesquisar são as páginas do Jornal Valor, do site UOL, InfoMoney, Portal Brasil ou da FGV.

Para uma questão de simplificação, não iremos trabalhar com o Dólar médio do mês, mas com o número oficial da moeda divulgado pelo BACEN, de acordo com o quadro 42. Assim, resta agora fazer a transformação dos valores da Receita Operacional Bruta (ROB) de 1992 e de 1991, em dólares, pela média, valor constante da última linha do quadro 42. Os valores encontrados, usando a técnica do Dólar médio foram de R$ 183.612.123,24 para 1991 e R$ 160.224.517,65 para 1992, uma variação negativa de 12,74%.

Receita Operacional Bruta 1991	
Receita Operacional Bruta 1992	1991
Receita Operacional Bruta moeda corrente do ano	R$ 6.546.386,70
Valor do Dólar médio do mês	R$ 441,656
Receita Operacional Bruta em dólar médio	$ 14.822,37
Dólar de 31 de dezembro de 1992	R$ 12.387,50
Receita Operacional Bruta em moeda (R$) de 31/12/92	R$ 183.612.123,24
Receita Operacional Bruta 1992	
Receita Operacional Bruta moeda corrente do ano	R$ 64.388.698,81
Valor do Dólar médio do mês	R$ 4978,108
Receita Operacional Bruta em dólar médio	$ 12.934,37
Dólar de 31 de dezembro de 1992	R$ 12.387,50
Receita Operacional Bruta em moeda (R$) de 31/12/92	R$ 160.224.517,65
Evolução % Real da Receita Operacional Bruta 92 com 91	-12,74%

Quadro 43: Comparação da evolução da ROB entre 1992 e 1991

As transformações e indexações usando o valor médio do indexador (Dólar no nosso exemplo) são mais fáceis e rápidas. Entretanto, se for possível, recomendamos que a indexação seja feita pelos valores mensais.

Uma vez transformados os valores correntes pela média do dólar, valor da última linha do quadro 41, vamos agora efetuar a mesma operação, mensalmente, com os dados da Receita Operacional Bruta de 1992. Este tipo de operação, embora mais precisa, é bastante trabalhosa.

Mês	Receita Operacional Bruta (ROB) - 1992		
	ROB em Valor Corrente	Valor do Dólar do mês	ROB em Dólar
Janeiro	R$ 1.171.609,00	R$ 1.319,45	$887,95
Fevereiro	R$ 1.499.659,52	R$ 1.630,85	$919,56

Março	R$ 1.829.584,61	R$ 1.988,00	$920,31
Abril	R$ 2.213.797,38	R$ 2.396,10	$923,92
Maio	R$ 2.745.108,76	R$ 2.849,10	$963,50
Junho	R$ 3.486.288,12	R$ 3.446,70	$1.011,49
Julho	R$ 4.427.585,91	R$ 4.204,60	$1.053,03
Agosto	R$ 5.667.309,97	R$ 5.131,00	$1.104,52
Setembro	R$ 7.027.464,36	R$ 6.400,00	$1.098,04
Outubro	R$ 8.573.506,52	R$ 8.034,10	$1.067,14
Novembro	R$ 10.656.868,60	R$ 9.949,90	$1.071,05
Dezembro	R$ 13.214.517,07	R$ 12.387,50	$1.066,76
Total	R$ 62.513.299,82		$12.087,28

Quadro 44: Receita Operacional Bruta (ROB) – 1992

De acordo com o quadro 44, as Receitas Operacionais Brutas quando transformadas em Dólar representam um total de US$ 12.087,28, utilizando o dólar do final do mês. Para transformar as receitas em moeda de dezembro de 1992, basta multiplicar o total encontrado por R$ 12.387,50, valor do dólar de dezembro de 1992, o que representa um valor de R$ 149.731.181,98 (US$ 12.087,28 x R$ 12.387,39), como exposto no quadro 45.

Receita Operacional Bruta em Dólar (mês a mês)	R$ 12.087,28
Dólar de 31 de dezembro de 1992	$12.387,50
Receita Operacional Bruta de 1992	R$ 149.731.181,98

Quadro 45: Receita Operacional Bruta (ROB) – 1992

Aplicando o mesmo critério para as Receitas Operacionais Brutas de 1991, mensalmente, obtemos o valor de US$ 14.816,50. Para explicar melhor o quadro 46, apresentado a seguir, considere que o valor das entradas em janeiro é igual a R$ 225.971,00, estas quando divididas pelo valor do dólar de janeiro de R$ 220,14, resultam em US$ 1.026,49. Depois, basta apenas somar todos os meses, para obter o valor total de US$ 14.816,50.

Mês	Receita Operacional Bruta (ROB) - 1991		
	ROB em Valor Corrente	Valor do Dólar do mês	ROB em Dólar
Janeiro	R$ 225.971,00	R$ 220,14	$1.026,49
Fevereiro	R$ 253.087,52	R$ 223,43	$1.132,74
Março	R$ 283.458,02	R$ 238,93	$1.186,36
Abril	R$ 306.134,66	R$ 260,95	$1.173,15
Maio	R$ 327.564,09	R$ 284,70	$1.150,56
Junho	R$ 458.589,73	R$ 312,23	$1.468,76
Julho	R$ 522.792,29	R$ 346,57	$1.508,48
Agosto	R$ 580.299,44	R$ 393,76	$1.473,74
Setembro	R$ 667.344,36	R$ 464,93	$1.435,37
Outubro	R$ 774.119,45	R$ 645,02	$1.200,15
Novembro	R$ 905.719,76	R$ 840,41	$1.077,71
Dezembro	R$ 1.050.634,92	R$ 1.068,80	$983,00
Total	R$ 6.355.715,25		$14.816,50

QUADRO 46: Receita Operacional Bruta (ROB) – 1993

Multiplicando-se o valor de US$ 14.816,50 pelo dólar do último dia de dezembro de 1992, no valor de R$ 12.387,50, temos a receita em moeda nacional, ou seja, R$ 183.539.422,21. No mesmo quadro 47 mostramos que os dois métodos de transformação produziram resultados praticamente idênticos, ou seja, com uma minúscula variação de -0,04%.

Receita Operacional Bruta em IGP-DI (mês a mês)	R$ 14.816,50	
Dólar de 31 de dezembro de 1992	$ 12.387,5	
Receita Operacional Bruta de dezembro/92	R$ 183.539.422,21	

Receita Operacional Bruta em IGP-DI (mês a mês)	R$ 183.539.422,21	
Receita Operacional Bruta em moeda (R$) de 31/12/92	R$ 183.612.123,24	-0,04%

Quadro 47: Receita Operacional Bruta (ROB) – 1992

Finalmente, o quadro 48 mostra as comparações de todos os valores, por meio dos dois métodos de transformação. Sem desprezar as indexações pela média que são fáceis e rápidas, os valores que mais espelham a realidade são aqueles atualizados pelo dólar mensal. Finalmente, concluímos que a Receita Operacional Bruta de 1992 foi -18,42% ((149.731.181,98 / 183.539.422,21 – 1) x 100) menor que a de 1992, como está demonstrado no quadro 48.

Método de Transformação – Dólar	1992	1991	Variação %
Transformação pelo Dólar médio	R$ 160.224.517,65	R$ 183.612.123,24	-12,74%
Transformação pelo Dólar do mês	R$ 149.731.181,98	R$ 183.539.422,21	-18,42%
Variação do mensal com o médio	-6,55%	-0,04%	

Quadro 48: Resumo Comparativo

Para melhor comparar os valores atualizados com os dois indexadores (Dólar e IGP-DI), vamos reproduzir a tabela utilizada no primeiro exemplo, na qual atualizamos os valores da Receita Operacional Bruta pelo IGP-DI, resumida no quadro 40.

Método de Transformação - IGP-DI	1992	1991	Variação %
Transformação pelo IGP Médio	R$ 162.271.495,74	R$ 180.052.484,56	-9,88%
Transformação pelo IGP mensalmente	R$ 153.864.702,00	R$ 174.834.363,68	-11,99%
Variação do mês a mês com o médio	-5,18%	-2,90%	

QUADRO 40: Resumo Comparativo

Ao comparar os resultados da indexação pelo IGP-DI e Dólar, verificamos uma diferença enorme, de 6,41 pontos percentuais (18,42 – 11,99). Qual o valor correto? Tal pergunta resultaria numa bela discussão, mas aconselhamos sempre transformação pelo IGP-DI, ou outro índice de inflação como, por exemplo, o IPCA-IBGE. O Dólar não é um bom indexador, ele sofre inúmeras variações indesejadas: especulação, nível econômico, questões políticas e inflação.

Método de Transformação	1992	1991	Variação %
Receitas Operacionais Brutas atualizadas pelo Dólar no mês a mês	R$ 149.731.181,98	R$ 183.539.422,21	-18,42%
Receitas Operacionais Brutas atualizadas pelo IGP-DI no mês a mês	R$ 153.864.702,00	R$ 174.834.363,68	-11,99%

QUADRO 49: Comparativo de indexação, no mês a mês, entre IGP-DI e Dólar

Entretanto, se você trabalha na área de controladoria de uma multinacional e a matriz exige que os valores sejam representados em dólar, repita todo o nosso processo de transformação dos dados em IGP-DI ou IPCA e uma vez que obtenha o valor atualizado do ano, transforme-o em Dólar, pelo valor do último dia do mês. Respondendo a pergunta: quanto foi a ROB de 1992 em Dólar? R$ 12.420,96.

Dolarização da ROB	1992	1991	Variação %
Receitas Operacionais Brutas atualizadas pelo IGP-DI no mês a mês	R$ 153.864.702,00	R$ 174.834.363,68	
Dólar de 31 de dezembro de 1992	R$ 12.387,50	R$ 12.387,50	
ROB em Dólar de 31 de dezembro de 1992	R$ 12.420,96	R$ 14.113,77	-11,99%

Quadro 50: Comparativo e análise da ROB

Algumas das transformações em dólar, embora prática corrente em empresas multinacionais, são bastante discutíveis. Não raras vezes em que os analistas de mercado recebem relatórios e análises com comentários mostrando expressivos ganhos ou perdas em contas contábeis específicas. Os mais experientes sabem que tais desempenhos, muitas vezes, não reproduzem o real resultado da Companhia, pois essas análises foram realizadas transformando-se as contas diretamente na moeda do país de origem da empresa multinacional, como no exemplo que mostraremos a seguir.

Em uma oportunidade, em dezembro do ano de 2012, o Lucro Líquido do Exercício de uma determinada empresa foi de R$ 245,2 milhões, enquanto, nesta mesma conta, no ano de 2013 ela obteve o resultado de R$ 275,5 milhões, valores em moeda corrente apurados pela contabilidade.

Analisando o Lucro Líquido do Exercício em moeda de 31 de dezembro do respectivo ano chegamos à conclusão de que o resultado de 2013 foi 12,4% melhor, quando comparado com 2012, números constantes da Demonstração de Resultado.

Item	2013	2012	Variação %
Lucro Líquido do Exercício	R$ 275.500.513,34	R$ 245.198.321,67	12,4%

A empresa, obrigada a cumprir as regras internacionais da sua matriz e seguindo as orientações da controladoria, transforma os valores apontados pela contabilidade em Dólar, usando o PTAX 800 do BACEN, cotação do último dia do mês. O quadro 51 reproduz a variação do Dólar, valor do último dia do mês, considerado pelo mercado como o "Dólar do mês". Importante observar que o Lucro Líquido do Exercício é um valor apurado no último dia do ano.

Período	2011		2012		2013	
	Valor	%	Valor	%	Valor	%
Janeiro	1,675	-2,2%	1,791	-2,5%	2,031	-2,4%
Fevereiro	1,668	-0,4%	1,718	-4,1%	1,973	-2,9%
Março	1,659	-0,5%	1,795	4,5%	1,983	0,5%
Abril	1,586	-4,4%	1,855	3,3%	2,002	1,0%
Maio	1,614	1,8%	1,986	7,1%	2,035	1,6%
Junho	1,587	-1,7%	2,049	3,2%	2,173	6,8%
Julho	1,564	-1,4%	2,029	-1,0%	2,252	3,6%
Agosto	1,597	2,1%	2,029	0,0%	2,342	4,0%
Setembro	1,750	9,6%	2,028	0,0%	2,270	-3,1%
Outubro	1,773	1,3%	2,029	0,0%	2,189	-3,6%
Novembro	1,791	1,0%	2,067	1,9%	2,297	4,9%
Dezembro	1,837	2,6%	2,080	0,6%	2,345	2,1%
Ano	1,837	8,4%	2,080	13,2%	2,345	12,7%
Médio do ano	1,6751	-4,8%	1,9547	16,7%	2,1577	10,4%

QUADRO 51: **Tabela do Dólar Americano – Valor do Último dia Útil do Mês**
FONTE: FGV – www.fgv.br

Neste caso, o Dólar a ser utilizado é o Dólar do mês (penúltima linha do quadro 52) e não o médio do ano (última linha do quadro 52). O dólar médio deve ser utilizado para atualizar valores correntes ou nominais.

Transformando os resultados da Companhia em Dólar, o ganho positivo na conta de lucros, de 12,36% em 2013, quando comparado com 2012, redundou num recuo de -0,3%.

Item	2013	2012	Variação %
Lucro Líquido do Exercício	R$ 275.500.513,34	R$ 245.198.321,67	12,36%
Dólar médio de dezembro	R$ 2,35	R$ 2,08	12,74%
Lucro Líquido em Dólar	$ 117.484.227,44	$ 117.883.808,50	-0,30%

QUADRO 52: Variação do LLE em Dólar

Uma análise mais detalhada mostrará que a matriz tem razão em exigir tal comparação no formato apresentado acima, pois o que lhe interessa é o montante de dólares do lucro líquido, cujo valor ficou estagnado de um ano para outro (-0,3%). Afinal, o montante de moeda a ser remetido a título de lucros para o exterior, país sede da empresa, será menor.

Já sob o ponto de vista da administração brasileira da companhia, este tipo de análise poderia ser considerada injusta, pois a empresa obteve um expressivo crescimento do lucro líquido de 12,36%, o qual mesmo deflacionado pelo IGP-DI da FGV, que no período foi de 5,53%, resulta num magnifico resultado real positivo de 6,47%.

Item	2013	2012	Variação %
Lucro Líquido do Exercício	R$ 275.500.513,34	R$ 245.198.321,67	12,36%
Dólar de 31 de dezembro	R$ 2,35	R$ 2,08	12,74%
Lucro Líquido em Dólar	R$ 117.484.227,44	R$ 117.883.808,50	-0,30%
Variação percentual de 2013 (em Dólar) em relação a 2012	-0,34%		
Número índice do IGP DI dezembro do ano	531,132	503,310	5,53%
Lucro Líquido em IGP-DI	518.704,65	487.171,57	

(continua)

(continuação)

Item	2013	2012	Variação %
Lucro Líquido atualizado pelo IGPDI para dezembro de 2013	R$ 275.500.513,34	R$ 258.752.291,50	6,47%
Lucro Líquido atualizado pelo IGPDI e transformado em Dólar de 31 de dezembro de 2013	R$ 117.484.227,44	276437530,9	6,50%

Quadro 53: Análise da variação do LLE

Duas observações importantes. Para estabelecer o valor do Dólar do ano de 2012, simplesmente tomamos o valor de dezembro, em 2012 = R$ 2,080, o qual é o valor do último dia útil do ano. Já para calcular o Dólar médio do ano, em 2012 = R$ 1,9547, simplesmente somamos o valor dos 12 meses e fizemos a média aritmética.

2.6. Comparabilidade de Dados e Moedas

O processo de análise requer do analista uma verificação prévia, para identificar a moeda da demonstração contábil. Normalmente, os balanços e demonstrações de resultados são expressos em valores correntes do período no qual a empresa está obrigada a apresentar seus dados. O quadro 54 contém uma Demonstração de Resultados, segundo foi apurado em 31 de dezembro de 2013, em moeda corrente do ano.

Nem todos os valores dessa demonstração, porém, estão expressos em moeda corrente de 2013. O Lucro Líquido do Exercício, no valor de R$ 785.625,55 está expresso em moeda de 31 de dezembro de 2013, por exemplo. Mas, por outro lado a Receita Operacional Líquida R$ 6.797.057,55 está expressa em moeda corrente do ano (a Receita é formada mensalmente pela simples soma das notas ficais dos produtos vendidos, enquanto que o lucro final é apurado em 31 de dezembro).

DRE, resultado apurado em 31/12 (valores correntes)	2013	2012	Variação%
Receita Operacional Bruta	R$ 6.797.057,55	R$ 8.071.963,74	-15,79%
Deduções da Receita Operacional Bruta	-R$ 28.472,00	-R$ 88.747,00	-67,92%
Receita Operacional Líquida	R$ 6.768.585,55	R$ 7.983.216,74	-15,21%
Custo dos Serviços Prestados	-R$ 4.219.769,00	R$ 4.293.664,00	-1,72%
Lucro Bruto	R$ 2.548.816,55	R$ 3.689.552,74	-30,92%
Honorários da Administração	-R$ 20.256,00	-R$ 26.482,00	-23,51%
Comercialização do Serviço	-R$ 596.920,00	-R$ 675.238,00	-11,60%
Despesas Gerais e Administrativas	-R$ 317.038,00	-R$ 302.827,00	4,69%
Outras Receitas Operacionais	-R$ 173.825,00	-R$ 282.533,00	-38,48%
Receitas / Despesas Financeiras Líquidas	-R$ 45.448,00	-R$ 8.635,00	426,32%
Perdas com Ajustes de Conversão	-R$ 312.052,00	-R$ 537.924,00	-41,99%
Juros sobre o Capital Próprio	-R$ 196.053,00	-R$ 329.195,00	-40,44%
Lucro Operacional	R$ 887.224,55	R$ 1.526.718,74	-41,89%
Receitas e Despesas Não Operacionais	-R$ 46.129,00	-R$ 4.575,00	908,28%
Lucro antes do Imposto de Renda e da Contribuição Social	R$ 841.095,55	R$ 1.522.143,74	-44,74%
Imposto de Renda e Contribuição Social	-R$ 249.826,00	-R$ 430.341,00	-41,95%
Reversão dos Juros sobre o Capital Próprio	R$ 196.053,00	R$ 329.195,00	-40,44%
Participações Minoritárias	-R$ 1.697,00	-R$ 6.717,00	-74,74%
Lucro Líquido do Exercício	R$ 785.625,55	R$ 1.414.280,74	-44,45%

Quadro 54: Demonstração do Resultado do Exercício.

Não raras vezes os estudantes perguntam aos professores qual o melhor indexador a ser utilizado: IGP-DI, IGP-M, Dólar? Por que o professor utiliza IGP-M numa determinada situação e em outro momento o IGP-DI? É possível utilizar o IPCA do IBGE, por exemplo?

O analista deve utilizar o número índice e a correspondente variação da inflação que mais se aproximar do objeto em análise, conforme explicado no quadro 30. Atualmente, existem indexadores para todos os setores da economia: serviços, indústria, mão de obra, agricultura, construção civil, apenas para mencionar alguns. É nossa recomendação que se utilize o IGP-M, por três razões: inicialmente esse indexador possui constituição exatamente igual ao do IGP-DI, diferenciado apenas pelo método de coleta (enquanto o IGP-DI representa a variação dos preços do 1º ao 30º dia do mês, o IGP-M representa a variação do dia 21 de um mês até o dia 20 do mês seguinte). A FGV faz essa distinção para atender a um pedido feito pelo mercado ainda em 1989, ou seja, com esse procedimento o resultado do índice está pronto no último dia útil do mês e, assim, todos os contratos de indústrias, aluguéis, serviços e, especialmente, contratos do sistema financeiro podem ser reajustados no dia primeiro. Se utilizassem outro indexador: IPCA ou IGP-DI, por exemplo, poderiam fazer o reajuste apenas no dia 10 do mês seguinte.

A segunda razão é a facilidade de se encontrar os dados do indexador. Como o IGP-M é muito conhecido, pode ser encontrado em todas as seções financeiras dos jornais, mesmo nos lugares mais distantes.

Finalmente a terceira razão: por não se tratar de um setor específico (serviços, indústria, mão de obra, agricultura, construção civil), a utilização do IGP-M[5] representa melhor a variação geral dos preços da economia, pois é um índice geral de preços (IGP), enquanto o IPCA (IBGE) e o IPC (FIPE) são índices de preços ao consumidor.

Assim, para analisar os valores correntes, é necessário indexá-los a uma moeda forte: o IGP-M ou no presente exemplo. Se os valores não estiverem no mesmo instante de tempo, saberemos apenas a variação nominal, quando, em muitas circunstâncias, na verdade procuramos pelo crescimento (ou declínio) real. No exem-

---

[5] O IGP-M é formado pela ponderação de três outros índices de preços, também calculados mensalmente pela FGV: Índice Nacional da Construção – INCC, com peso de 10%, o Índice de Preços ao Consumidor – IPC, com peso de 30% e o Índice de Preços no Atacado – IPA, com peso de 60%.

plo da figura 4, quando comparamos os valores do mês 1 de R$ 1.000,00 com o mês 7 de R$ 1.200,00, percebemos que a variação nominal é de 20% ((1.200,00 / 1.000,00 – 1) x 100). Já o crescimento real apresentado no mesmo período para os mesmos valores foi de R$ 1.071,43, porque descontamos a inflação de 12%. O valor de R$ 1.200,00 "foi levando" do mês 7, usando uma taxa de desconto de 12%, para o mês 1. Só assim os valores podem ser comparados, se estiverem no mesmo instante de tempo. Deste modo, o crescimento real foi de 7,143% ((1.071,43 / 1.000,00 – 1) x 100), já o crescimento nominal foi de 20% ((1.200,00 / 1.000,00 – 1) x 100). Confira na figura 4.

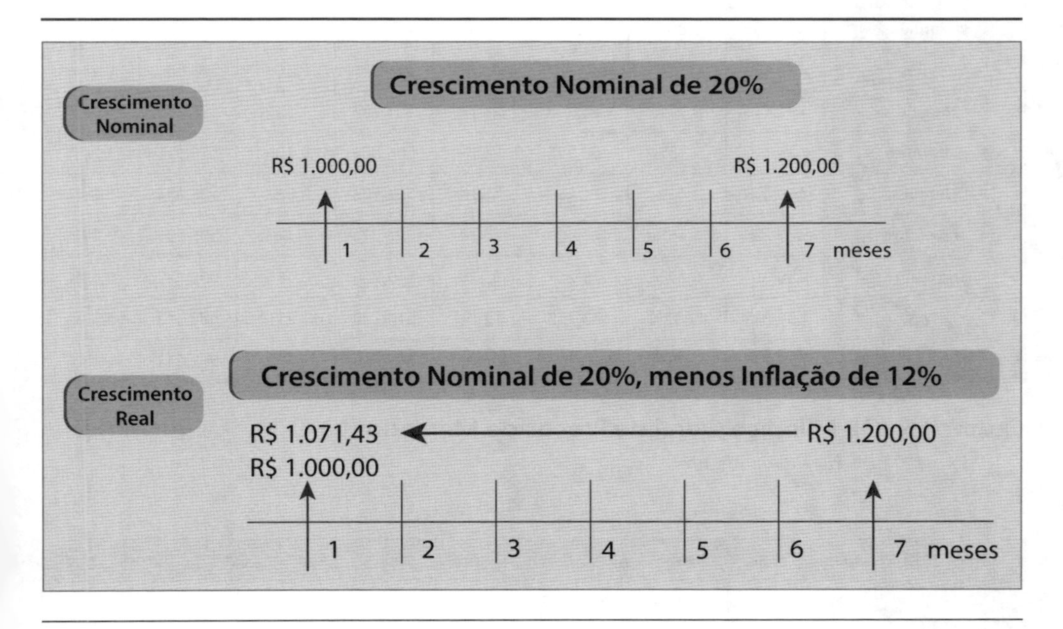

FIGURA 4: Crescimento Real e Nominal

Neste ponto cabe esclarecer o leitor um pequeno detalhe sobre indexação. A FGV publica todos os meses no último dia útil do mês, o resultado do IGP-M, cujas variações mensais estão expressas no quadro 55.

Para apurar a inflação do ano de 2013, medida pelo IGP-M, por exemplo, o leitor teria que "somar" os percentuais, ou seja, percentual do mês, dividido por cem mais um, multiplicado pelo percentual do mês subsequente. Ao final da operação, diminui-se um e multiplica-se este resultado por cem. Vejamos um exemplo para "somar" o ano de 2013, cujo resultado é 5,53%, confira nos quadros 55 e 56.

Mês	20100		20110		2012		2013	
	Índice	%	Índice	%	Índice	%	Índice	%
Janeiro	407,049	0,63%	453,875	0,79%	474,429	0,25%	511,955	0,34%
Fevereiro	411,843	1,18%	458,397	1,00%	474,138	-0,06%	513,439	0,29%
Março	415,734	0,94%	461,249	0,62%	476,166	0,43%	514,518	0,21%
Abril	418,917	0,77%	463,311	0,45%	480,229	0,85%	515,289	0,15%
Maio	423,885	1,19%	465,311	0,43%	485,140	1,02%	515,289	0,00%
Junho	427,489	0,85%	464,463	-0,18%	488,342	0,66%	519,154	0,75%
Julho	428,150	0,15%	463,927	-0,12%	494,891	1,34%	520,504	0,26%
Agosto	431,445	0,77%	465,968	0,44%	501,957	1,43%	521,285	0,15%
Setembro	436,423	1,15%	468,975	0,65%	506,804	0,97%	529,104	1,50%
Outubro	440,829	1,01%	471,466	0,53%	506,926	0,02%	533,654	0,86%
Novembro	447,206	1,45%	473,808	0,50%	506,774	-0,03%	535,202	0,29%
Dezembro	450,301	0,69%	473,252	-0,12%	510,220	0,68%	538,413	0,60%
Ano	450,301	11,32%	473,252	5,10%	510,220	7,81%	538,413	5,53%
Médio do ano	428,273	5,38%	465,334	8,65%	492,168	5,77%	522,317	6,13%

Quadro 55: IGP-M Índice Geral de Preços de Mercado (%)

FONTE: Fgvdados.br

IGP-M 2013	Jan	Fev	Mar	Abr	Mai	Jun	Jul	Ago	Set	Out	Nov	
%	0,34%	0,29%	0,21%	0,15%	0,00%	0,75%	0,26%	0,15%	1,50%	0,86%	0,29%	0
Dividido por 100	0,0034	0,0029	0,0021	0,0015	0,00-	0,0075	0,0026	0,0015	0,0150	0,0086	0,0029	0
Somado com 1	1,0034	1,0029	1,0021	1,0015	1,0000	1,0075	1,0026	1,0015	1,0150	1,0086	1,0029	1
Multiplicando	1,0034	1,0063	1,0084	1,0099	1,0099	1,0175	1,0202	1,0217	1,0370	1,0459	1,0490	[illegible]
Menos 1	0,0034	0,0063	0,0084	0,0099	0,0099	0,0175	0,0202	0,0217	0,0370	0,0459	0,0490	[illegible]
Vezes 100	0,34%	0,63%	0,84%	0,99%	0,99%	1,75%	2,02%	2,17%	3,70%	4,59%	4,90%	

Quadro 56: IGP-M Índice Geral de Preços de Mercado (%)

Os dados do quadro 56 mostram que a inflação apurada pelo IGP-M, nos primeiros cinco meses de 2013 foi de 0,99%, já em setembro o índice acumulado foi de 3,70%. Mas existe uma maneira muito mais fácil de fazer estes cálculos, basta obter no site da FGV o número índice do IGP-M[6], pois é por meio do número índice que os jornais publicam o resultado da inflação apurada no mês.

De posse do número índice do indexador, IGP-M do nosso exemplo, pode-se construir tabelas em planilha eletrônica com múltiplas utilidades como a do quadro 55, pois por meio destas, por exemplo, é possível calcular a inflação do mês de fevereiro de 2012 no valor de 0,27% ((479,29 / 424,178 – 1) x 100), do ano de 2013, no valor de 5,53% ((538,413 / 510,220 – 1) x 100), ou ainda a inflação média de 2012 no valor de 5,77% ((492,168 / 465,334 – 1) x 100). Vale lembrar que, para calcular a inflação média medida pelo IGP-M em 2012, comparou-se o número índice médio de cada um dos anos ((492,168 / 465,334 – 1) x 100) e estes índices médios foram encontrados por meio da média aritmética dos números índices do ano, ou seja, somaram-se os números índices e dividiu-se por 12 meses.

Conhecer o que seja inflação média é muito importante, pois os valores correntes ou contábeis estão sempre expressos nesta moeda, assim, para indexá-los, é necessária saber a inflação média, não a inflação acumulada do ano. Veja os conceitos no quadro 57.

Entendidos os conceitos de moeda corrente e moeda de 31 de dezembro, ou moeda de uma data certa, resta verificar quais valores são comparáveis com a inflação de 1º de janeiro até 31 de dezembro e com a inflação média.

Conceitos	O que é?	Para que serve?	Como Calcular
Inflação Média	É o valor da inflação que em média a economia experimentou num determinado período	Indexar valores correntes ou contábeis	Comparando o número índice médio dos períodos

(continua)

[6] Número índice, conceito encontrado nos livros de estatística que representa a variação de uma série de dados ponderados segundo um critério matemático, Laspayres, Paache e Fischer, por exemplo, por meio dos quais se pode medir a evolução percentual desta mesma série de dados.

(continuação)

Conceitos	O que é?	Para que serve?	Como Calcular
Inflação Acumulada	É o valor da inflação, "somado" de um determinado período	Saber qual a perda de poder aquisitivo no período	Somar os valores percentuais da inflação do período. Meses do ano, para saber a inflação anual, por exemplo
Moeda Corrente ou Valores Nominais	É a soma pura e simples de valores nominais de um determinado período, sem se preocupar com a inflação, receita de 2006, por exemplo	Expressar valores ou resultados contábeis de um período	A simples soma dos valores da receita diária de uma empresa no período
Moeda Datada	É um valor representado em moeda de uma determinada data, 31 de dezembro, por exemplo	Comparar resultados com precisão	É necessário indexar ou atualizar os valores que porventura estejam em períodos de tempo diferentes

QUADRO 57: **Conceitos de tipos de moeda e inflação**

2.6.1. Valores Comparáveis com a Variação Anual do IGP-M de 2013 de 5,53%

São comparáveis com a variação anual os valores expressos em moeda de 31 de dezembro de 2013, como o Lucro Líquido do Exercício, por exemplo. O resultado dessa conta contábil da Empresa foi 44,45% menor em 2013, quando comparado, nominalmente, com o valor de 2012. De acordo com o quadro 58, como a variação do IGP-M no mesmo período foi de 5,53%, a queda real do Lucro Líquido do Exercício foi, na verdade um pouco maior, ou seja, de -47,36%.

Item	2013	2012	Desvio %
Lucro Líquido do Exercício	R$ 785.625,55	R$ 1.414.280,74	-44,45%
Número índice do IGP-M de dezembro do ano	538,413	510,220	5,53%
Lucro Líquido do Exercício em IGP-M's	1.459	2.772	-47,36%

Quadro 58: Lucro Líquido do Exercício

O Lucro Líquido de 2003, no valor de R$ 785.625,55, expresso em moeda de 31 de dezembro de 2013, quando comparado com o valor de 2012, foi 44,45% menor ((785.625,55 / 1.414.280,74 – 1) x 100). No entanto, pelo conceito básico de finanças, no qual dois valores apenas serão comparáveis se estiverem no mesmo instante de tempo, tal comparação não é válida, tendo sido necessário "atualizar" a moeda de 2012 no tempo, para, posteriormente, comparar com a moeda de 2013. Realizada essa operação, pode-se observar que o Lucro Líquido do Exercício do ano de 2013 foi 47,36% ((1.459 / 2.772 – 1) x 100) menor que o lucro experimentado em 2012.

O quadro 58 mostra que a comparação em termos reais, ou seja, inflacionando os valores de 31 de dezembro de 2012 para a mesma data de 2013, foi realizada, inicialmente, transformando-se o lucro em número de IGP-M's (2.772). Uma vez obtido o número de IGP-M's correspondente ao lucro de cada ano, calculou-se a variação percentual. Tal sugestão de cálculo é feita devido à facilidade de raciocínio, pois a prática diária dos professores ensina que os alunos têm certa dificuldade de realizar esses tipos de operações. O método sugerido é facilmente compreensível e simples de aplicar.

Transformar todos os valores em número de IGP-M's tem a vantagem de poder usá-lo posteriormente em qualquer data. Uma vez que se saiba que o valor do número índice de junho de 2014 desse indicador é 551,593, basta multiplicar os valores do quadro 58 para obter o Lucro Líquido do Exercício em moeda de 30 de junho de 2014, ou seja, nessa data, o lucro de 2013 corresponde a R$ 804.857,15 (1.459 IGP-M's x 551,593).

2.6.2. Valores comparáveis com a variação média anual do IGP-M de 2013 de 6,13%

Quanto aos valores correntes ao exercício (valores nominais), a comparação deverá ser feita pela variação média do indexador. No exemplo do quadro 59 vamos usar a conta Custo dos Serviços Prestados, a qual apresentou uma variação nominal em 2013, quando comparado com 2012, de -1,72%%. Isso se explica pelo fato de esses valores serem acumulados (são simplesmente somados) no transcorrer do ano pela contabilidade, de acordo com a orientação da legislação brasileira, ou seja, esses valores são "médios do ano", diferentemente do valor do Lucro Líquido do Exercício, uma valor apurado no dia 31 de dezembro, conforme mostrado no quadro 59.

Item	2013	2012	Desvio %
Custo dos Serviços Prestados	R$ 4.219.769,00	R$ 4.293.664,00	-1,72%
Número índice médio do IGP-M do ano	522,317	492,168	6,13%
Custo do Serviço Prestado em IGP-M's	8.079	8.724	-7,39%

Quadro 59: Custo dos Serviços Prestados

Pode-se constatar então, que o Custo dos Serviços Prestados do ano de 2013 teve um bom desempenho, ou seja, foi reduzido nominalmente em 1,72% quando comparado com 2012. Melhor ainda quando deflacionado, pois como mostra o quadro 59, a redução foi de -7,39%.

Entretanto, o principal fator a afetar o desempenho do Lucro Líquido do Exercício, que foi reduzido em termos reais em 47,36% foi o fato de a administração não ter conseguido reduzir o Custo dos Serviços Prestados na mesma proporção da redução da Receita Operacional Líquida que foi de -20,11% em termos reais, afetando negativamente o desempenho da companhia, em especial a sua Margem Líquida que foi reduzida em 6,1 pontos percentuais (17,7 – 11,6), um dos principais indicadores de desempenho.

Item	2013	2012	Desvio %
Receita Operacional Líquida	R$ 6.768.585,55	R$ 7.983.216,74	-15,21%
Número índice do IGP-M médio do ano	522,317	492,168	6,13%
Receita Operacional Líquida em IGP-M's	12.959	16.221	-20,11%
Margem líquida	11,6%	17,7%	

Quadro 60: Receita Operacional Líquida

Capítulo 3

Análise da Situação de Financiamento Empresarial — Uma Visão Dinâmica

3. ANÁLISE DA SITUAÇÃO DE FINANCIAMENTO EMPRESARIAL — UMA VISÃO DINÂMICA

Resumo

A Análise Dinâmica é uma poderosa ferramenta de análise da situação econômico-financeira das organizações, especialmente porque baseia seus conceitos numa parte das demonstrações quase sempre desprezadas pelos analistas: o Balanço Patrimonial. É nítida a preferência dos pesquisares pela avaliação das empresas mediante sua Demonstração de Resultados, tratando com certo desdém o Balanço Patrimonial.

A Análise Dinâmica reclassifica o Balanço Patrimonial em três partes distintas: a primeira parte analisa a capacidade financeira da organização, ou seja, a empresa agindo como se fosse um banco, emprestando dinheiro e pagando suas obrigações. Na sequência, em uma segunda parte, são analisadas as contas de cunho operacional, ou seja, aquelas ligadas ao negócio propriamente dito, com o intuito de verificar se as aplicações operacionais de recurso em estoque e os valores recebíveis, apenas para mencionar algumas contas, são compatíveis com as captações de recursos operacionais realizadas no passivo, como os fornecedores, por exemplo.

Finalmente, na terceira parte, a análise dinâmica revela-se muito útil para a elaboração de indicadores operacionais de desempenho, a serem utilizados na parte de remuneração variável dos executivos e dirigentes, entre outras aplicações.

3.1. NECESSIDADE DE INVESTIMENTO EM CAPITAL DE GIRO

Existem muitas razões para algumas empresas fecharem as portas e tornarem-se insolventes, entre outras, temos:

- retração de mercado,
- má administração,
- concorrência poderosa.

Todavia, poucos podem imaginar que um aumento das vendas, o sonho dourado de muitos empresários, possa causar a insolvência da empresa. Entretanto, crescer em volume de vendas implica investir mais dinheiro no giro, ou melhor, no chamado "Capital de Giro" e isso pode significar a morte de uma companhia.

Esse fenômeno financeiro não é facilmente verificável, especialmente no curto prazo. O empresário apenas perceberá os efeitos do aumento dos investimentos realizados no giro de três a quatro meses após o aumento das vendas, dependendo do ciclo financeiro da companhia.

De acordo com Rasoto (2003, p.19), na administração do capital de giro das empresas, pode ocorrer esse efeito negativo chamado de *overtrade*. Esta palavra significa o ato de "fazer negócios superiores aos recursos financeiros", ou seja, indica que uma empresa vem efetuando grande volume de negócios, sem dispor de recursos adequados e suficientes para financiar sua necessidade de capital de giro. Nesse momento é que os empresários buscam recursos de curto prazo nos bancos e, se os valores de financiamentos forem crescentes no transcorrer dos meses, provavelmente a empresa terá sérias dificuldades de caixa.

Assim, surge a questão: como analisar eficientemente essas necessidades de investimentos? A metodologia utilizada neste capítulo é de natureza exploratório--descritiva, de cunho quantitativo, com o objetivo de apresentar um roteiro para a análise da situação de financiamento empresarial, numa perspectiva dinâmica, para uso no meio acadêmico e empresarial.

O capítulo está estruturado da seguinte forma: a relevância do tema na introdução; a diferenciação entre a análise tradicional e a análise dinâmica com seus respectivos indicadores no referencial teórico e, por fim, a exemplificação das metodologias de análise visando à aplicabilidade prática e considerações finais. Em nenhum momento pode-se contestar a palavra da contabilidade, a única para definir qualquer questão ou caminho a ser adotado. A abordagem que se segue tem aplicações apenas gerenciais. Na dúvida, a contabilidade sempre está com a razão.

3.2. O BALANÇO PATRIMONIAL E AS FONTES DE FINANCIAMENTO

A empresa é um ser dinâmico e a sua mais importante fonte de informação sobre os usos e aplicações de capitais é o Balanço Patrimonial, pois essa peça contábil é muito reveladora, especialmente para aqueles que desejam ter conhecimento como a empresa se financia, ou melhor, qual a fonte do dinheiro para manter as operações em funcionamento.

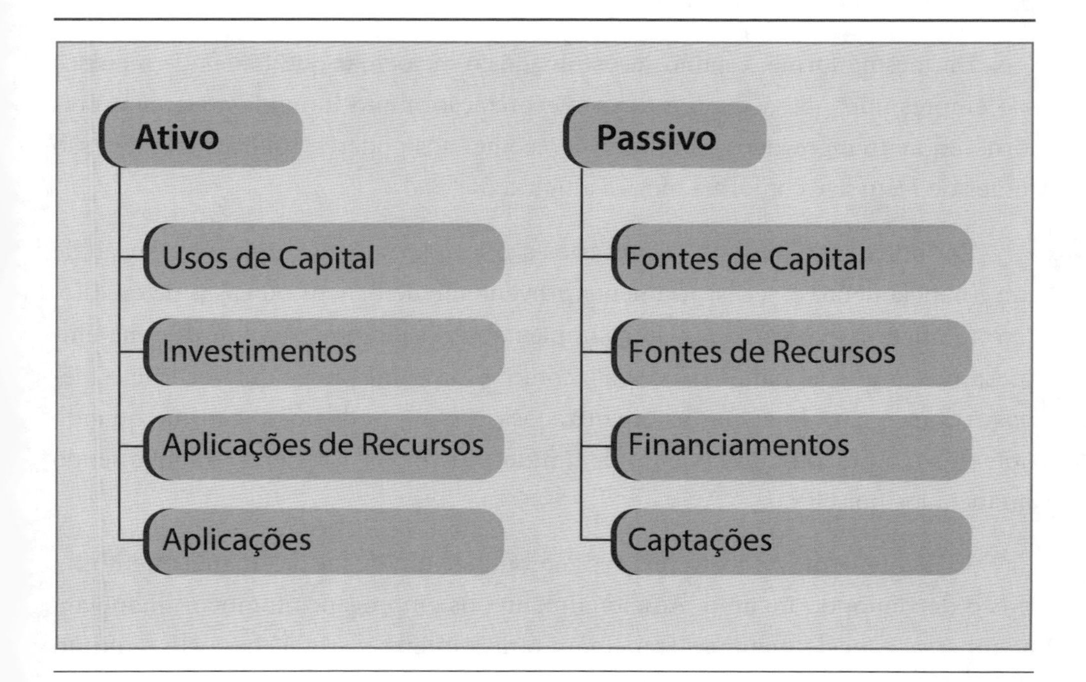

FIGURA 5: Nomenclaturas no Balanço Patrimonial (Terminologias Comparativas)

No Balanço Patrimonial a contabilidade tradicional "define" o Ativo como bens e direitos e o Passivo como obrigações. Entretanto, sob uma ótica financeira, o Ativo é a conta na qual o dinheiro da empresa está aplicado, já o Passivo é o local onde os empresários foram buscar os recursos para financiar as aplicações do Ativo, conforme ilustrado no quadro 61, a seguir, apresentando as diversas terminologias que podem identificar os Ativos e os Passivos.

Alguns empresários não consideram como investimento o dinheiro que a empresa destinou ao caixa, recebíveis ou estoques, muito menos aqueles recursos utilizados no financiamento das compras dos seus próprios clientes. Isso é um engano crasso e também constitui um grave erro de avaliação, pois muitas vezes, busca-se recursos de várias fontes do mercado para "aplicar" no caixa, dinheiro indispensável para manter o dia a dia da empresa; ademais, "aplica-se", também, em estoques quando adquirimos mercadorias e matérias-primas para revenda ou para utilizar no processo produtivo. Numa visão estritamente financeira, os estoques e as contas a receber não são direitos da empresa, mas constituem-se em investimentos feitos para manter o negócio em operação.

Da mesma forma, estamos acostumados a raciocinar que fontes de recursos são empréstimos. Essa visão é uma interpretação muito limitada e estreita, pois fornecedores, empregados e impostos a recolher aos poderes públicos também são fontes de recursos, conforme mostra a figura 6.

Por outro lado, muitos empresários são levados a pensar que a obtenção de um financiamento é necessariamente proveniente de bancos ou casas de crédito. Isso também não é verdade. Uma simples observação no "passivo" de uma empresa revela que as fontes bancárias, como regra geral são as que fornecem menos recursos para financiar as organizações. Assim, podemos dizer que quando obtemos um prazo de pagamento de um dos nossos fornecedores estamos sendo financiados por eles.

Evidentemente os fornecedores "embutem" um custo de financiamento no preço de venda do insumo. Adicionalmente, os empregados também financiam a empresa, especialmente se trabalham o mês inteiro e só recebem até o quinto dia útil do mês seguinte. Essa lógica também vale para o "Estado", pois os impostos são pagos dentro de um prazo e, enquanto isso não ocorre, a empresa está "usando" o dinheiro do Estado, em outras palavras, financiando suas atividades com esses recursos.

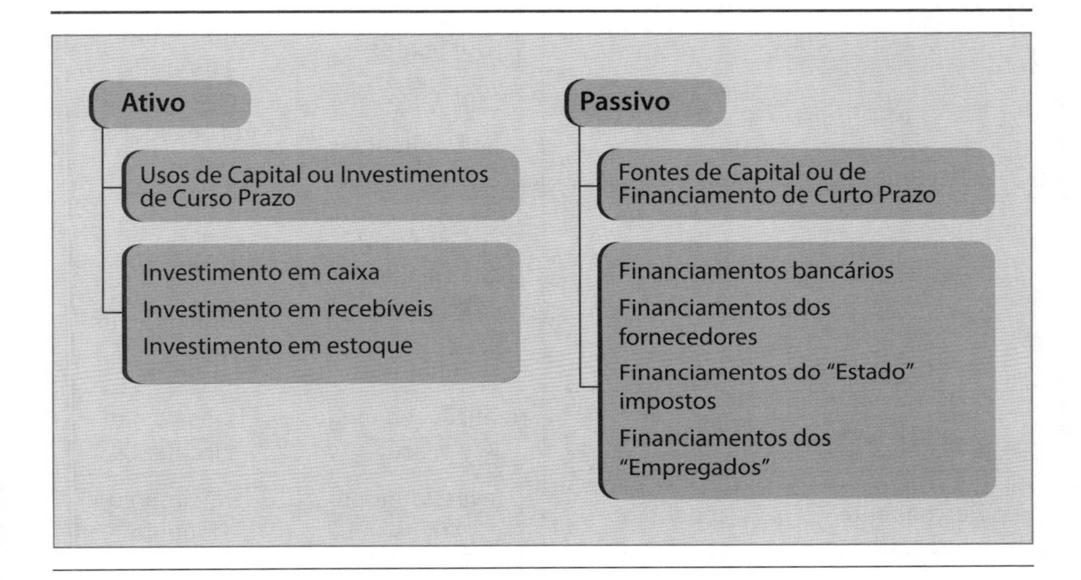

Figura 6: Balanço Patrimonial – ótica financeira

A contabilidade tradicionalmente separa os itens do balanço, sejam as fontes de capital (passivos) ou os usos ou aplicações (ativos) quanto ao prazo, ou seja: circulante e longo prazo, hoje identificadas pelas nomenclaturas de Circulante e Não Circulante, seguindo a tendência de internacionalização das normas (IFRS – *International Financial Reporting Standards*).

Essa separação pode levar o analista a um grave erro de avaliação das condições econômicas da empresa, especialmente se estiver comparando as fontes com os respectivos usos, porquanto, agrupando as contas contábeis de ativo e passivo quanto ao prazo e comparando-as diretamente, estará desconsiderando o nível de liquidez dessas mesmas contas, que poderá ser substancialmente diferente. Além disso, também estará de certa forma, "misturando" itens operacionais e financeiros os quais, embora diretamente ligados ao dia a dia da empresa, têm influência diversa na análise e no nível de solvência da empresa. Veja o quadro 61 a seguir:

Grupos de contas	Prazo	Ativo – usos de capital	Passivo – fontes de capital
Circulante	Curto Prazo	Caixa e Bancos Duplicatas a receber (-) Duplicatas Descontadas (-) Provisão para Devedores Duvidosos Estoques	Empréstimos bancários Fornecedores Salários Impostos e taxas Contingências
Longo Prazo	Longo Prazo	Realizável a longo prazo	Passivo não circulante
Permanente	Indefinido	Investimentos fixos	Patrimônio Líquido

QUADRO 61: **Balanço Patrimonial – prazos das contas**

Desse modo, quando se calcula o Capital Circulante Líquido, ou seja, a diferença entre o Ativo Circulante e o Passivo Circulante, sob a ótica financeira gerencial o resultado "mistura" contas contábeis com diferentes níveis de liquidez, porque, embora as contas sejam de curto prazo, possuem liquidez muito diversa, conforme demonstra o quadro 62.

Balanço Patrimonial - Valores Correntes de 31/12/X3 (milhões de Reais)			
Ativo	**Valor**	**Passivo**	**Valor**
Caixa	R$ 1.610	Empréstimos Bancários	R$ 3.200
Bancos	R$ 2.680	Fornecedores	R$ 6.720
Disponível	R$ 4.290	Salários e Encargos Sociais	R$ 700
Duplicatas a Receber	R$ 11.340	Impostos	R$ 1.160

(-) PDD	-R$ 270	Passivo Circulante	R$ 11.780
(-) Duplicatas Descontadas	-R$ 2.150		
Estoques	R$ 4.850		
Matéria-Prima	R$ 1.400	Debêntures	R$ 16.100
Produtos em Processo	R$ 1.080	Impostos	R$ 2.100
Produtos Acabados	R$ 2.370	Passivo não circulante	R$ 18.200
Ativo Circulante	R$ 13.770		
Duplicatas a Receber	R$ 4.590		
Empréstimos à Controladas	R$ 2.000	Patrimônio Líquido	R$ 21.470
Realizável a Longo Prazo	R$ 6.590		
Imobilizado	R$ 26.800		
Total do Ativo	R$ 51.450	Total do Passivo	R$ 51.450

Quadro 62: **Balanço Patrimonial**

Observa-se que, ao comparar os "direitos" da empresa com as "obrigações" constantes do quadro 62, chega-se à conclusão de que a empresa é superavitária: R$ 18.060 (Ativo Circulante) – R$ 11.780 (Passivo Circulante), pois o Capital Circulante Líquido, a diferença entre tais grupos de contas, representa um valor positivo de R$ 6.280. Um exame mais acurado, no entanto, poderá revelar que os estoques possuem um nível de liquidez diferente dos empréstimos. Explicando melhor: para transformar a conta estoque em dinheiro e pagar um empréstimo, por exemplo, é preciso fabricar o produto, vender e também receber o valor dessa venda. Assim, embora as quantias estejam registradas no Balanço na mesma moeda, elas têm diferentes níveis de liquidez (conversibilidade em dinheiro).

Outro exemplo desse raciocínio é o Índice de Liquidez Corrente (ILC), indicador largamente utilizado na análise da capacidade de as empresas cumprirem suas obrigações no vencimento e em curto prazo. O índice de liquidez é calculado da seguinte forma:

Índice de Liquidez Corrente (ILC) = Ativo Circulante / Passivo Circulante

Pela análise da contabilidade tradicional, esse índice mostra a capacidade de liquidez ou de pagamento (análise potencial e estática). Um índice 2,0 indica que, mesmo reduzindo seus ativos circulantes em 50%, a empresa ainda poderá pagar seus passivos circulantes. Quando o índice for igual a 1,0, o Capital Circulante Líquido será igual a zero. Um Índice de Liquidez Corrente de 1,5 mostra que para cada R$ 1,00 de dívida a empresa possui R$ 1,50 de ativos a realizar no curto prazo. O Índice de Liquidez Corrente de 1,53, calculado com os valores do quadro 62, mostra que a empresa possui R$ 1,53 para cada R$ 1,00 que deve. Entretanto, indicamos, novamente, que os valores envolvidos na comparação possuem níveis diferentes de liquidez.

Como forma de atenuar essa restrição, alguns analistas retiram a conta "estoques" do ativo circulante, calculando o chamado Índice de Liquidez Seco (ILS), pois os estoques (E) são, em geral, ativos menos líquidos e devem ser excluídos das análises.

Índice de Liquidez Seco (ILS) = (Ativo Circulante – Estoques) / Passivo Circulante

Sempre com o intuito de eliminar as restrições nas comparações dos valores dos ativos e passivos e, assim, tentar aproximar o resultado do estado de solvência da empresa da efetiva realidade diária, outras medidas são sugeridas. Um modelo é a Análise Dinâmica.

3.4. O Modelo de Análise Dinâmica

O Modelo Dinâmico sugere uma abordagem diferente para um mesmo tipo de análise, na qual procura-se separar as contas contábeis em três grupos distintos, relacionadas às fontes e usos de capital, não especificamente quanto ao prazo dessas contas. Essa metodologia, inicialmente introduzida no Brasil pelo professor Fleuriet (1980)[1], teve vários seguidores tais como Assaf Neto (1995) e Rasoto (2001), entre outros.

A Análise Dinâmica pode tornar-se uma interessante alternativa de superar as restrições no exame das fontes de financiamento empresarial, além das já oferecidas pela contabilidade tradicional e, assim, servir de complemento alternativo ao trabalho do analista. Para tanto, o Balanço Patrimonial tradicional deve ser reclassificado sob uma ótica pragmática empresarial.

Para Fleuriet (2003, p.8), as contas da contabilidade tradicional devem ser reclassificadas em Erráticas, Cíclicas e Permanentes. Tal sugestão de classificação considera que um determinado grupo de contas tem comportamento ocasional ou errático; outras são movimentadas sistematicamente, as operacionais e, finalmente, um terceiro grupo de contas tem movimentação lenta, são as de caráter permanente (estável).

Para Assaf Neto (1995), no entanto, o Balanço Patrimonial tradicional deve ser reclassificado quanto à natureza das operações das empresas, praticamente na mesma óptica sugerida por Fleuriet, com um enfoque um pouco diferente, mais empresarial é possível dizer: Financeiro, Operacional e Permanente.

Explicando melhor, as atividades de financiamento, seja quando a empresa opera como banco ou quando recebe créditos financeiros, têm todas as suas contas agrupadas nos chamados Ativo e Passivo Financeiro. Já as atividades exclusivamente ligadas à atividade fim da empresa são agrupadas sob a denominação "operacional" e, finalmente, as contas de longo prazo do ativo e do passivo são agrupadas com a denominação "permanente". O quadro 63 representa o Balanço Patrimonial e evidencia as contas de curto e longo prazo e sua respectiva reclassificação.

Entretanto, o exercício diário de análise dinâmica, mesmo com os aperfeiçoamentos feitos por Assaf Neto (1995), que os aproximou em termos de prática e linguagem das necessidades empresariais, poderia ser mais bem adequado à realidade brasileira, especialmente naquilo que diz respeito às operações de crédito de longo prazo, devido ao fato de essas contas serem classificadas no per-

---

[1] FLEURIET, Michel. A Dinâmica Financeira das Empresas Brasileiras. 2. ed. Belo Horizonte: Fundação Dom Cabral, 1980.

manente por Fleuriet (1980), quando, na verdade, possuem caráter totalmente distinto das contas típicas de permanentes da contabilidade tradicional, ou seja, dos imobilizados.

Prazo	Atividade	Ativo – usos de capital (Investimentos)	Passivo – fontes de capital (Captação de recursos)
Curto Prazo	Financeiro	Caixa e Bancos	Empréstimos bancários
	Operacional	Duplicatas a receber (-) Duplicatas Descontadas (-) Provisão para Devedores Duvidosos Estoques	Fornecedores Salários Impostos e taxas Contingências
Longo Prazo	Permanente	Realizável a longo prazo Investimentos fixos	Passivo não circulante Patrimônio Líquido

Quadro 63: Balanço Patrimonial – Prazos das Contas – Conceito original de Fleuriet

No Brasil, as operações de crédito de longo prazo como empréstimos, financiamentos e debêntures, possuem custos financeiros excessivamente elevados, especialmente para as empresas que estão fora da BM&FBovespa. Sob essa ótica, não parece regular a classificação dos ativos de longo prazo juntamente com o imobilizado. Por outro lado, para manter a coerência do raciocínio, também retiramos da classificação original de Fleuriet (1980), denominada Passivo Imobilizado, as contas do **Passivo não Circulante**, mantendo sob essa denominação apenas o Patrimônio Líquido.

Diante dessa circunstância, alteramos o conceito originalmente proposto por Fleuriet (1980) e as contas foram reclassificadas de acordo com o quadro 64, isolando totalmente os recursos de longo prazo do Imobilizado e do Patrimônio Líquido das atividades operacionais e financeiras da empresa.

Prazo	Atividade	Ativo – usos de capital (Investimentos)	Passivo – fontes de capital (Captação de recursos)
Financeiro	Curto Prazo	Caixa e Bancos	Empréstimos Bancários
	Longo Prazo	Créditos com Controladas	Empréstimos Bancários Debêntures
Operacional	Curto Prazo	Duplicatas a Receber (-)Duplicatas Descontadas (-)PDD Estoques	Fornecedores Salários Impostos e Taxas
	Longo Prazo	Duplicatas a Receber Estoques Créditos com Controladas	Operações de Crédito Impostos Contingências
Longo Prazo	Permanente	Investimentos Fixos	Patrimônio Líquido

Quadro 64: **Balanço Patrimonial – Prazos das Contas – Fontes e Usos**

A reclassificação proposta se assemelha muito à ideia original de Assaf Neto (1995), entretanto, retira do "permanente" as contas operacionais e financeiras, reagrupando-as sob o título de longo prazo com as contas financeiras e operacionais.

A nova proposta mostra, em primeiro plano, o grupo de contas relacionadas às atividades financeiras de curto e longo prazo, chamando-as de Ativo e Passivo Financeiro. Evidentemente essas contas estão indiretamente relacionadas com as atividades operacionais, mas, em essência, não fazem parte das operações. Essas contas são classificadas pela grande liquidez que possuem como as contas caixa e aplicações financeiras pelo lado do ativo e as contas de empréstimos e financiamentos, pelo lado do passivo. Esse grupo de contas tem uma característica paradoxal, pois, se as aplicações financeiras e o caixa pelo lado do ativo têm um rendimento financeiro muito baixo (quando se consegue obter uma remuneração máxima nos dias de hoje, em termos reais de cerca de 6% ao ano), pelo lado do passivo os empréstimos e financiamentos, como média, em termos reais, têm custo de cerca de 35% ao ano, segundo relatórios publicados mensalmente pelo BACEN.

O segundo grupo de contas contábeis está diretamente relacionado com a atividade principal da empresa (com suas operações), nesse caso também divididas em curto e longo prazo. Aqui, a metodologia aplicada utiliza muito do conceito do EBITDA[2], ou seja, separam-se as atividades operacionais, para verificar se o negócio tem futuro operacional independentemente dos impostos incidentes sobre o lucro e dos juros que estão indiretamente relacionados com as operações, mas não fazem parte do seu conjunto. A esse grupo de contas denominaremos de Ativo e Passivo Operacional, assim relacionadas as duplicatas a receber e estoques pelo lado do ativo e fornecedores, salários e impostos, pelo lado do passivo. Deve-se, aqui, esclarecer que essas contas são ligadas às atividades operacionais da empresa; se não forem, devem ser classificadas no Ativo ou Passivo Financeiro, nunca no Permanente.

O terceiro e último grupo é caracterizado por contas contábeis de longo prazo e são denominadas como Ativos e Passivos Permanentes, como os investimentos e imobilizados, pelo lado do ativo e o patrimônio líquido, pelo lado do passivo.

3.5 O MODELO DINÂMICO

Uma vez definidos os conceitos e estabelecidas as regras, resta verificar o sistema de financiamento das operações, bem como estabelecer formas ideais de financiamento e, finalmente, verificar como funciona essa estrutura. O leitor deve ter

[2] Sigla que designa *Earnings Before Interest, Taxes, Depreciation and Amortization*, que traduzido significa: "Lucro antes dos juros, impostos, depreciação e amortização" (resultado da atividade operacional).

sempre em mente que os passivos são "captações" de recursos e os ativos os "investimentos" realizados com os recursos captados, conforme mostra a figura seguinte.

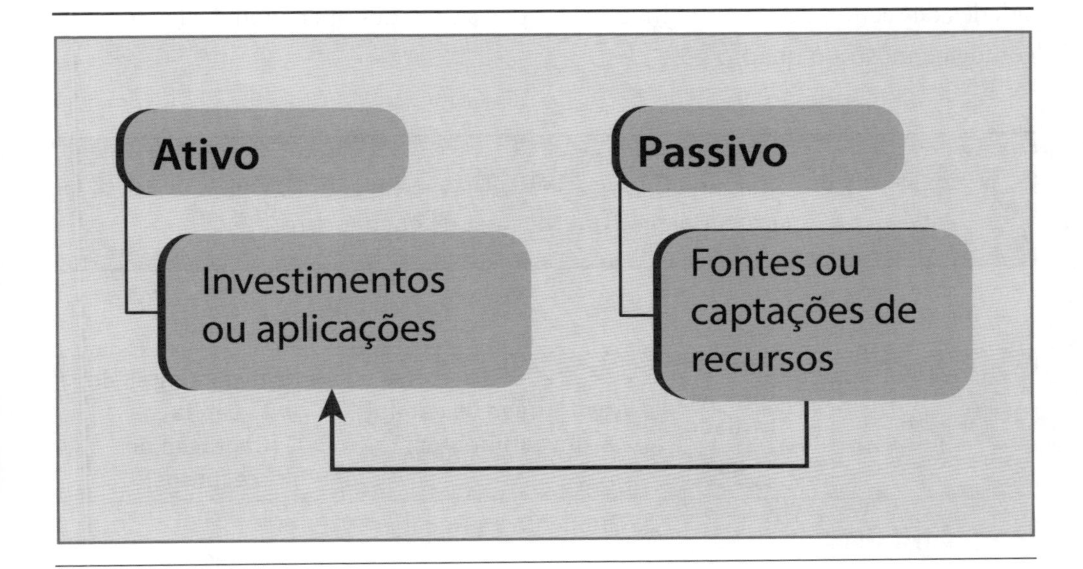

Figura 7: Estrutura de Financiamento Empresarial

Seria desejável ou ideal que as aplicações feitas pelo empresário no Ativo Operacional, tais como contas a receber e estoques, estritamente ligados ao ciclo operacional, fossem financiadas também por fontes operacionais como fornecedores, salários, impostos e outros. Essa situação ideal dificilmente é alcançada e, na quase totalidade das situações, as aplicações realizadas no ativo operacional não são financiadas pelo passivo operacional, gerando, assim, uma necessidade extra de capital chamada de Necessidade Total de Capital de Giro (NTCG).

Necessidade Total de Capital de Giro = Ativo Operacional – Passivo Operacional

A mencionada NTCG pode, ainda, ser dividida quanto ao prazo das contas, de modo a ser melhor entendida e, assim, temos a Necessidade de Capital de Giro de Curto Prazo e a Necessidade de Capital de Giro de Longo Prazo. Todas essas necessidades de recursos decorrem diretamente das atividades operacionais da empresa, conforme mostra o quadro 65.

Necessidade de Capital de Giro de curto prazo = Ativo Operacional de curto prazo – Passivo Operacional de curto prazo

Prazo	Atividade	Ativo – usos de capital (Investimentos)	Passivo – fontes de capital (Captação de recursos)
Atividade Operacional	Curto Prazo	Duplicatas a Receber Impostos a recuperar Provisões PDD Estoques	Fornecedores Encargos Salários Impostos e Taxas
	Longo Prazo	Duplicatas a Receber Estoques Créditos com Controladas	Impostos Provisões

Quadro 65: Balanço Patrimonial – Atividade Operacional - Prazos das Contas

Como as necessidades de investimentos operacionais quase nunca são cobertas pelas fontes ou financiamentos operacionais resta aos empresários buscarem um dos dois outros tipos de fontes para completar essa necessidade de capital de giro.

Conforme foi esclarecido anteriormente, as fontes de financiamento da necessidade de capital de giro contidas no passivo financeiro são absurdamente caras. Seria melhor, então, se as fontes de longo prazo do Passivo Permanente pudessem financiar essa necessidade. No entanto, essas fontes de longo prazo têm a função principal e anterior de cobrir as aplicações ou investimentos de longo prazo. Havendo alguma sobra, ela poderia ser utilizada para financiar as necessidades operacionais. Por essa razão, denominamos Capital de Giro (CDG) a diferença entre as fontes de recursos de longo prazo, contidos no Passivo Permanente e no Ativo Permanente.

Capital de Giro = Passivo Permanente – Ativo Permanente

Prazo	Atividade	Ativo – usos de capital (Investimentos)	Passivo – fontes de capital (Captação de recursos)
Longo Prazo	Permanente	Investimentos Fixos	Patrimônio Líquido

Quadro 66: Balanço Patrimonial – Atividade Operacional – Fontes e Usos

Apresentados os conceitos, resta "reclassificar" o balanço apresentado no quadro 52, no qual as contas contábeis são apresentadas na forma tradicional, para o modelo dinâmico. O quadro 67 mostra essa reclassificação.

Balanço Patrimonial - Valores Correntes de 31/12/X3 (milhões de Reais)			
Ativo	Valor	Passivo	Valor
Caixa	R$ 1.610	Empréstimos Bancários	R$ 3.200
Bancos	R$ 2.680	Duplicatas Descontadas	R$ 2.150
Ativo Financeiro Curto Prazo	R$ 4.290	Passivo Financeiro Curto Prazo	R$ 5.350
Empréstimos à Controladas	R$ 2.000	Debêntures	R$ 16.100

(continua)

(continuação)

Ativo	Valor	Passivo	Valor
Ativo Financeiro Longo Prazo	R$ 2.000	Passivo Financeiro Longo Prazo	R$ 16.100
Ativo Financeiro	R$ 6.290	Passivo Financeiro	R$ 21.450
Duplicatas a Receber	R$ 11.340	Fornecedores	R$ 6.720
(-) PDD	-R$ 270	Salários e Encargos Sociais	R$ 700
Estoques	R$ 4.850	Impostos	R$ 1.160
Matéria-Prima	R$ 1.400	Passivo Operacional Curto Prazo	R$ 8.580
Produtos em Processo	R$ 1.080		
Produtos Acabados	R$ 2.370		
Ativo Operacional Curto Prazo	R$ 15.920		
Duplicatas a Receber	R$ 4.590	Impostos	R$ 2.100
Ativo Operacional Longo Prazo	R$ 4.590	Passivo Operacional Longo Prazo	R$ 2.100
Ativo Operacional	R$ 20.510	Passivo Operacional	R$ 10.680
Ativo Permanente	R$ 26.800	Patrimônio Líquido	R$ 21.470
Total do Ativo	R$ 53.600	Total do Passivo	R$ 53.600

Quadro 67: **Balanço detalhado, reclassificado para o modelo dinâmico**

Deve-se observar que vários itens foram alterados de "posição" dentro do balanço, inclusive que o total do ativo no quadro, agora, mostra um valor diferente do quadro 60, de R$ 51.450 para R$ 53.600. Tal diferença deve-se ao fato de a reclassificação da conta duplicatas descontadas, pela legislação brasileira, ser tradicionalmente apresentada como uma conta retificadora do Ativo, a qual, no modelo dinâmico, é apresentada como um passivo, por se reconhecer que essa conta, na verdade, é um financiamento obtido pela empresa. Lembramos ao leitor que esta reclassificação tem finalidade gerencial. Para fins legais ou fiscais devemos considerar os dados mostrados no quadro 60. Sempre devemos lembrar que as regras da contabilidade não podem ser alteradas e que a estrutura do balanço patrimonial deve obedecer à legislação, especialmente a Lei das S/As (Lei nº 6.404/76 e suas alterações, sendo as mais recentes as das Leis nº 11.638/07 e nº 11.941/09), além dos Pronunciamentos do CPC (Comitê de Pronunciamentos Contábeis) e demais normas emitidas pelo Conselho Federal de Contabilidade.

Para facilitar o entendimento, os quadros 68 até o 78, apresentam o Balanço Patrimonial reclassificado, agora dividido em três partes distintas, "fatiando-as", de tal modo que as contas financeiras e operacionais sejam adicionalmente divididas em contas de curto e longo prazo. A análise do quadro 68 mostra que os investimentos realizados na atividade operacional da empresa (Ativo Operacional) somam R$ 20.510, enquanto as fontes de financiamento operacionais (Passivo Operacional) representam R$ 10.680, demonstrando uma necessidade adicional de recursos de R$ 9.830, também chamada de Necessidade Total de Investimento de Capital de Giro (NTCG).

Observando-se as informações com mais detalhamento, conforme quadro 69, percebe-se que, no curto prazo, a empresa investiu o dobro de recursos de que dispunha por fontes ou captações também de origem operacional, ou seja, investimentos de R$ 15.920 para captações de R$ 8.580. Essa diferença de necessidades operacionais de curto prazo de R$ 7.340 também não está coberta por fontes operacionais de longo prazo, as quais são igualmente deficitárias, pois a empresa investiu R$ 4.590 em ativos operacionais de longo prazo, enquanto possui financiamentos operacionais de longo prazo de apenas R$ 2.100, gerando mais um déficit operacional de longo prazo de R$ 2.490.

Necessidade de Capital de Giro	Valor
Ativo Operacional	R$ 20.510
Passivo Operacional	R$ 10.680
Necessidade de Capital de Giro	R$ 9.830

Quadro 68: Necessidade Total de Capital de Giro

Esse descompasso de fontes operacionais com os investimentos é considerado normal, pois a maioria das empresas apresenta essa situação. A dúvida que se apresenta é como se financiam essas necessidades operacionais, com os caros empréstimos ou com capital próprio oriundos do Patrimônio Líquido? Deve-se enfatizar que o quadro 69 representa apenas uma parte ou "fatia" do quadro 67.

Balanço Patrimonial, Valores Correntes de 31 de dezembro de X4 (Real mil) Ativo e Passivo Operacional			
Ativo	**Valor**	**Passivo**	**Valor**
Duplicatas a Receber	R$ 11.340	Fornecedores	R$ 6.720
(-) PDD	-R$ 270	Salários e Encargos Sociais	R$ 700
Estoques	R$ 4.850	Impostos	R$ 1.160
Matéria-Prima	R$ 1.400	Passivo Operacional Curto Prazo	R$ 8.580
Produtos em Processo	R$ 1.080		
Produtos Acabados	R$ 2.370		
Ativo Operacional Curto Prazo	R$ 15.920		
Duplicatas a Receber	R$ 4.590	Impostos	R$ 2.100
Ativo Operacional Longo Prazo	R$ 4.590	Passivo Operacional Longo Prazo	R$ 2.100
Ativo Operacional	R$ 20.510	Passivo Operacional	R$ 10.680

QUADRO 69: Balanço Patrimonial – Ativo e Passivo Operacionais Ajustados para o Modelo Dinâmico

Por outro lado, as fontes de financiamento de longo prazo (Passivo Permanente) no total de R$ 21.470 não são suficientes para cobrir os investimentos de longo prazo (Ativo Permanente), que representam recursos investidos de R$ 26.800, gerando um deficit de recursos de longo prazo de R$ 5.330, conforme o quadro 68. Esses recursos, quando positivos, são denominados de Capital de Giro; se negativos, poder-se-ia dizer que a empresa não tem Capital de Giro.

Capital de Giro	Valor
Passivo Permanente	R$ 21.470
Ativo Permanente	R$ 26.800
Capital de Giro	(R$ 5.330)

Quadro 70: Capital de Giro

Segundo a ótica da contabilidade tradicional, o chamado Capital de Giro é a diferença entre o Ativo Circulante e o Passivo Circulante. De acordo com o quadro 62, considerando os conceitos e valores da contabilidade tradicional, esse valor alcança a cifra de R$ 6.280 (R$ 18.060 - R$ 11.780), dando a falsa ilusão de que a empresa possui R$ 1,53 no Ativo de Curto Prazo para saldar cada R$ 1,00 de dívida no Passivo de Curto Prazo (R$ 18.060 / R$ 11.780). Essa comparação e conclusão são falaciosas sob a ótica gerencial, pois utilizam ativos e passivos com diferentes níveis de liquidez.

Segundo a ótica Dinâmica, esse indicador, embora com o mesmo valor numérico, é fornecido pela diferença de todas as contas de longo prazo, conforme demonstra o quadro 70. Pode-se observar que, embora o resultado numérico seja o mesmo, as abordagens são, conceitualmente, muito diferentes.

Capital de Giro	Valor
(+) Passivo Permanente	R$ 21.470
(+) Passivo Financeiro de Longo Prazo	R$ 16.100
(+) Passivo Operacional de Longo Prazo	R$ 2.100
(-) Ativo Permanente	R$ 26.800
(-) Ativo Financeiro de Longo Prazo	R$2.000
(-) Ativo Operacional de Longo Prazo	R$4.590
(=) Capital de Giro	R$6.280

Quadro 71: Capital de Giro Ajustado para o Modelo Dinâmico

O descompasso mostrado pelo quadro 71, no qual os recursos ou "captações" de longo prazo, no valor de R$ 21.470, mostram-se insuficientes para cobrir as necessidades de investimentos de longo prazo de R$ 26.800, realizadas no Ativo Permanente, obrigará o gerente a recorrer a empréstimos e financiamento bancários. Tais modalidades, na atual realidade brasileira, possuem um custo excessivamente elevado, porque o Brasil pratica historicamente, se não a mais alta taxa de juros reais do mundo, uma das mais elevadas. Não será difícil perceber que captar recursos no mercado à taxa de 25% ao ano para investir no imobilizado poderá levar a empresa a perder margem de lucratividade no médio prazo, pois com os níveis de concorrência dos mercados nos dias de hoje, quem consegue remunerar ativos a 25% ao ano?

Balanço Patrimonial em valores correntes de 31 de dezembro de X4 (milhares de Reais) Ativo e Passivo Permanente			
Ativo Permanente	R$ 26.800	Patrimônio Líquido	R$ 21.470

Quadro 72: Exemplo de Balanço Patrimonial Ativo e Passivo Permanente Ajustado para o Modelo Dinâmico

A forma ideal de financiar as necessidades de investimentos operacionais (NCG – necessidade de capital de giro) é com os próprios financiamentos operacionais, o que não ocorreu, pois a necessidade de capital de giro foi de R$ 9.830.

Como primeira opção, essa necessidade pode ser coberta com fontes mais baratas e de longo prazo, os passivos permanentes (Patrimônio Líquido). Esses recursos ou fontes de financiamento, em nosso exemplo, somam, no entanto, apenas R$ 5.330, gerando um deficit de R$ 4.500 (R$9.830 - R$ 5.330). Então, conclui-se que a empresa recorre a recursos financeiros extremamente caros para complementar a necessidade de capital de giro, sejam recursos de curto ou de longo prazo e, desse modo, busca financiar a falta de capital (passivo) operacional ou a diferença, no valor de R$ 4.500.

O quadro 73 resume os cinco principais investimentos realizados que, quando somados, importam o total de R$ 53.600 (total do Ativo). Como contrapartida, a empresa tem um *funding*[3] de igual valor (total do Passivo).

Balanço Patrimonial em valores correntes de 31 de dezembro de X4 (milhões de Reais) Reclassificação para o Modelo Dinâmico			
Ativo Financeiro Curto Prazo	R$ 4.290	Passivo Financeiro Curto Prazo	R$ 5.350
Ativo Financeiro Longo Prazo	R$ 2.000	Passivo Financeiro Longo Prazo	R$ 16.100
Ativo Financeiro	R$ 6.290	Passivo Financeiro	R$ 21.450
Ativo Operacional Curto Prazo	R$ 15.920	Passivo Operacional Curto Prazo	R$ 8.580
Ativo Operacional Longo Prazo	R$ 4.590	Passivo Operacional Longo Prazo	R$ 2.100
Ativo Operacional	R$ 20.510	Passivo Operacional	R$ 10.680
Ativo Permanente	R$ 26.800	Passivo Permanente	R$ 21.470
Ativo	R$ 53.600	Passivo	R$ 53.600

Quadro 73: Balanço Patrimonial – Ajustado para o Modelo Dinâmico

A forma ideal de financiar as necessidades de investimentos operacionais (NTCG) é por meio de fontes também operacionais, tais como fornecedores, impostos, salários e encargos. Entretanto, isso não ocorreu no exemplo anterior, pois a necessidade de capital de giro foi de R$ 9.830, de acordo com o quadro 74. Como primeira opção, essa necessidade deveria ser coberta com fontes mais baratas e de longo prazo, o Passivo Permanente, por exemplo, mas os recursos de longo prazo sequer conseguem cobrir as necessidades de longo prazo, apresentando um deficit de R$ 5.330. Isso obriga a empresa a recorrer a empréstimos para financiar suas imobilizações o que, no médio prazo, pode comprometer drasticamente sua liquidez.

[3] Termo utilizado pelo mercado financeiro para designar onde o banco obteve os recursos que está emprestando.

Disponível ou Saldo de Caixa	Valor
Necessidade Total de Capital de Giro	R$ 9.830
Capital de Giro Total	R$ 8.770
Disponível ou Tesouraria	(R$ 1.060)

Quadro 74: Disponível ou Saldo de Caixa

Esse valor de R$ 1.060 representa exatamente a diferença entre o Ativo Financeiro de Curto Prazo (no valor de R$ 4.290) e o Passivo Financeiro de Curto Prazo (no valor de R$ 5.350). Desse modo, pode-se concluir que o disponível financeiro (deficit), ou saldo líquido de caixa pode ser encontrado pela diferença entre o Ativo Financeiro de Curto Prazo e o Passivo Financeiro de Curto Prazo, também chamado de saldo de tesouraria ou disponível.

Disponível ou Saldo de Caixa	Valor
Ativo Financeiro	R$ 4.290
Passivo Financeiro	R$ 5.350
Disponível ou Tesouraria	(R$ 1.060)

Quadro 75: Disponível ou Tesouraria

Um detalhamento maior poderá ser observado no quadro 76, inclusive nas contas financeiras de longo prazo as quais, segundo a ideia original de Fleuriet (1980), estariam classificadas no Permanente. Essas contas, segundo a análise proposta pelos autores, devem ser observadas em conjunto com as demais contas financeiras, dado o comprometimento que tais operações de crédito de longo prazo podem acarretar para a organização.

Balanço Patrimonial em valores correntes de 31 de dezembro de X4 (milhões de Reais) Ativo e Passivo Financeiro			
Ativo	**Valor**	**Passivo**	**Valor**
Caixa	R$ 1.610	Empréstimos Bancários	R$ 3.200
Bancos	R$ 2.680	Duplicatas Descontadas	R$ 2.150
Ativo Financeiro Curto Prazo	R$ 4.290	Passivo Financeiro Curto Prazo	R$ 5.350
Empréstimos à Controladas	R$ 2.000	Debêntures	R$ 16.100
Ativo Financeiro Longo Prazo	R$ 2.000	Passivo Financeiro Longo Prazo	R$ 16.100
Ativo Financeiro	R$ 6.290	Passivo Financeiro	R$ 21.450

Quadro 76: Balanço Patrimonial – Ajustado para o Modelo Dinâmico

Observamos, de forma analítica, pelo quadro 77, as fontes de capital pelo lado do passivo e os respectivos usos por parte do ativo.

Por outro lado, com uma visão detalhada, o balanço reclassificado para o modelo dinâmico está representado no quadro 67, já anteriormente apresentado.

Em resumo, o poder da análise pelo método dinâmico consiste em mostrar como a empresa investe seus recursos (caixa, recebíveis, estoques ou imobilizados), bem como quais são as suas fontes de captação (empréstimos, empregados, fornecedores ou impostos), pois, para entender desempenho presente e futuro de uma empresa, de que adianta olhar suas demonstrações financeiras e saber que ela possui bens e direitos, em contraponto com deveres e obrigações, como é espelhado na visão contábil tradicional?

Um analista que consegue enxergar como a empresa capta e aplica recursos tem maiores chances de predizer as consequências dessas ações, sem mencionar que também tem a possibilidade de estabelecer indicadores gerenciais, da mesma maneira que já fazem com grande sucesso empresas que adotam o modelo, aliás, tema para o próximo tópico.

Ativo		Passivo		Análise Dinâmica	
Usos de capital ou investimentos		Fontes de capital ou financiamentos			
Investimento	Valor	Financiamento	Valor	Item	Valor
Ativo Financeiro		Passivo Financeiro			
CP	R$ 4.290	CP	R$ 5.350	Tesouraria	(R$ 1.060)
LP	R$ 2.000	LP	R$ 16.100	Disponível LP	(R$ 14.100)
TT	R$ 6.290	TT	R$ 21.450	Disponível TT	(R$ 15.160)
Ativo Operacional		Passivo Operacional		NCG	
CP	R$ 15.920	CP	R$ 8.580	NCG CP	R$ 7.340
LP	R$ 4.590	LP	R$ 2.100	NCG LP	R$ 2.490
TT	R$ 20.510	TT	R$ 10.680	NTCG	R$ 9.830
Ativo Permanente	R$ 26.800	Passivo Permanente	R$ 21.470	CDG	(R$ 5.330)
Ativo - Investimento	R$ 53.600	Passivo - financiamento	R$ 53.600		

QUADRO 77: Balanço Patrimonial – Fontes e Usos

Balanço Patrimonial - Valores Correntes de 31/12/X3 (milhões de Reais)			
Ativo	Valor	Passivo	Valor
Caixa	R$ 1.610	Empréstimos Bancários	R$ 3.200
Bancos	R$ 2.680	Duplicatas Descontadas	R$ 2.150
Ativo Financeiro Curto Prazo	R$ 4.290	Passivo Financeiro Curto Prazo	R$ 5.350
Empréstimos à Controladas	R$ 2.000	Debêntures	R$ 16.100
Ativo Financeiro Longo Prazo	R$ 2.000	Passivo Financeiro Longo Prazo	R$ 16.100
Ativo Financeiro	R$ 6.290	Passivo Financeiro	R$ 21.450

Duplicatas a Receber	R$ 11.340	Fornecedores	R$ 6.720
(-) PDD	-R$ 270	Salários e Encargos Sociais	R$ 700
Estoques	R$ 4.850	Impostos	R$ 1.160
Matéria-Prima	R$ 1.400	Passivo Operacional Curto Prazo	R$ 8.580
Produtos em Processo	R$ 1.080		
Produtos Acabados	R$ 2.370		
Ativo Operacional Curto Prazo	R$ 15.920		
Duplicatas a Receber	R$ 4.590	Impostos	R$ 2.100
Ativo Operacional Longo Prazo	R$ 4.590	Passivo Operacional Longo Prazo	R$ 2.100
Ativo Operacional	R$ 20.510	Passivo Operacional	R$ 10.680
Ativo Permanente	R$ 26.800	Patrimônio Líquido	R$ 21.470
Total do Ativo	R$ 53.600	Total do Passivo	R$ 53.600

Quadro 67: **Balanço detalhado, reclassificado para o modelo dinâmico**

3.6. Ciclo de Caixa e Ciclo Operacional

Para ilustrar e firmar os conceitos da análise dinâmica e calcular o Ciclo de Caixa e o Ciclo Operacional que demonstrarão as necessidades de financiamento de recursos e como calcular indicadores de desempenho, que podem ser utilizados para medir a eficiência gerencial, servindo também como parâmetro para o pagamento de bônus aos executivos por resultados operacionais atingidos, resta demonstrar um exemplo prático.

Partiu-se do balanço patrimonial contido no quadro 67 e reclassificado para o modelo dinâmico, baseado na ideia desenvolvida com base no conceito original proposto por Assaf Neto (1995).

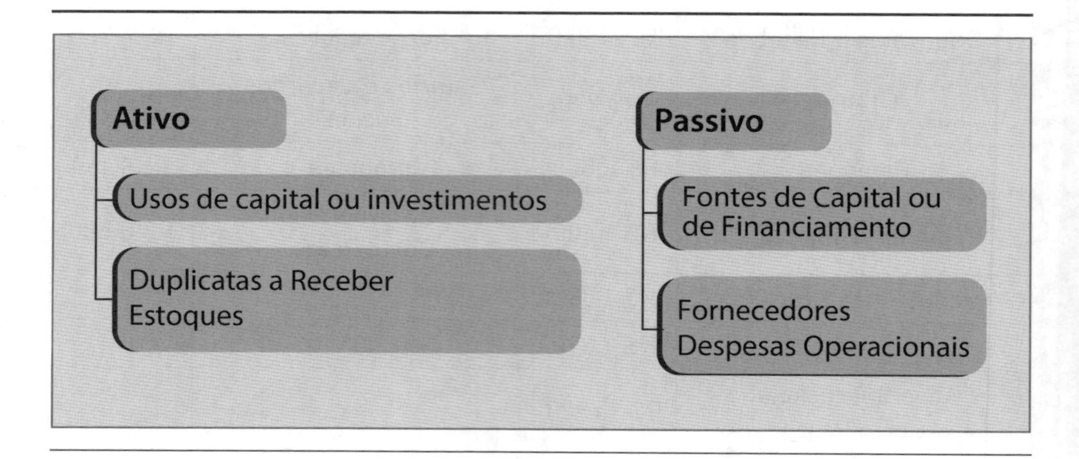

FIGURA 8: Ativo e Passivo Operacional Simplificado

Para ilustrar o exemplo, com os elementos do quadro 78, que representam o ativo operacional de curto prazo, vamos estabelecer um conjunto de indicadores e verificar suas influências sobre o ciclo de caixa. Da relação desses indicadores, será possível verificar como a empresa financia seu passivo operacional de curto prazo, bem como transformar essas contas contábeis em dias, compondo o ciclo operacional também em dias. Uma vez conhecidos esses números, será possível propor desafios gerenciais aos administradores.

Balanço Patrimonial em valores correntes de 31 de dezembro de X4 (milhões de Reais)			
Ativo	**Valor**	**Passivo**	**Valor**
Duplicatas a Receber (PMC)	R$ 11.340	Fornecedores (PMPF)	R$ 6.720
(-) PDD	-R$ 270	Salários e Encargos Sociais (PMPS)	R$ 700
Estoques (PME)	R$ 4.850	Impostos (PMPI)	R$ 1.160
Matéria-Prima (PMM)	R$ 1.400		

Produtos em Processo (PMP)	R$ 1.080		
Produtos Acabados (PMA)	R$ 2.370		
Ativo Operacional Curto Prazo	R$ 15.920	Passivo Operacional Curto Prazo	R$ 8.580

QUADRO 78: **Ativo e Passivo Operacional de curto prazo – Modelo Dinâmico**

Esquematicamente e de maneira simplificada, a empresa apresenta, então, seu ciclo operacional (tempo decorrido para adquirir matéria-prima e insumos, produzir, vender e receber do cliente). Pelo lado do ativo, as contas contábeis expressas em períodos são: estoque de matéria-prima (PMM[4]), estoque de produtos em processo (PMP) e estoque de produtos acabados (PMA). O total desses tipos de estoque chamamos de PME.

Ciclo de Caixa = Investimentos no giro operacional – Financiamento do giro operacional

Desse modo, dividimos os estoques em tipos para melhor poder controlá-los, assim o administrador poderá gerenciar as matérias-primas (PMM) que serão submetidas ao processo de fabricação gerando um novo tipo de estoque de produtos em processo (PMP). Uma vez terminada a fabricação, a empresa tem, em média, certo período de tempo até que o produto acabado seja vendido, constituindo mais um novo tipo de estoque: produtos acabados (PMA). Finalmente, para vender a mercadoria, é necessário conceder um período de pagamento ao cliente (PMC). Assim, numa visão simplificada, encerra-se esse ciclo de caixa com o pagamento da duplicata pelo cliente. Em resumo, pode-se concluir que o período de tempo medido entre a compra da matéria-prima e o recebimento do cliente, mostrado pela figura 9, é de 95 dias, a título de exemplo.

[4] PME — prazo médio de todos os estoques: matérias-primas (PMM); estoques de produtos em processo, ou de fabricação (PMP); prazo médio de produto acabado ou de venda, (PMA).

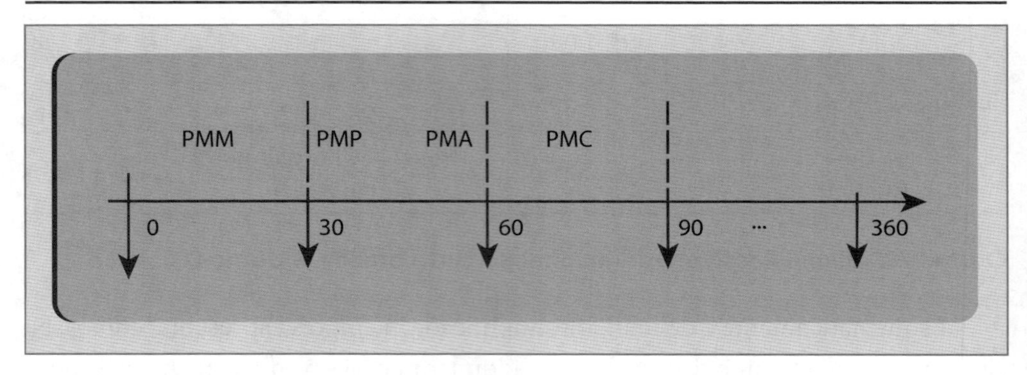

Legenda:
PMM: prazo médio de matérias primas
PMP: prazo médio de produção
PMA: prazo médio de produtos acabados
PMC: prazo médio de cobrança.

Figura 9: **Investimentos em Capital de Giro.**

Todavia, pelo lado do Ativo, esses investimentos de capital nas operações, realizados em estoque de matéria-prima, produto em processo, produto acabado e duplicatas a receber, estão registrados no balanço patrimonial, conforme mostrado no quadro 79. Lembramos que o valor de duplicatas a receber expresso no quadro 79 já se encontra reduzido da PDD – Provisão para Devedores Duvidosos (R$ 11.340 - R$ 270 = R$ 11.070).

Conta contábil	Valor
Duplicatas a Receber (PMC)	R$ 11.340
(-) PDD	-R$ 270
Estoques (PME)	R$ 4.850
Matéria-Prima (PMM)	R$ 1.400
Produtos em Processo (PMP)	R$ 1.080
Produtos Acabados (PMA)	R$ 2.370
Ativo Operacional Curto Prazo	R$ 15.920

Quadro 79: **Total do Ativo Operacional**

Entretanto, a empresa também tem fontes de financiamento operacionais, os chamados "Passivos Operacionais", os quais nem sempre são suficientes para cobrir as necessidades de investimentos realizados no Ativo Operacional. Tais fontes são mostradas esquematicamente por:

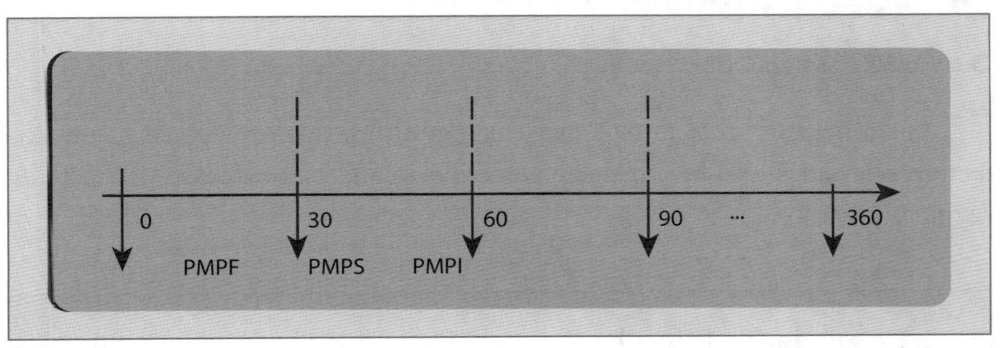

Legenda:
PMPF: prazo médio de pagamento de fornecedores
PMPS: prazo médio de pagamento de salários
PMPI: prazo médio de pagamento de impostos.

Figura 10: Fontes de Financiamento

No exemplo da figura 10, as matérias-primas adquiridas dos fornecedores não são pagas à vista, mas recebem financiamento direto do fornecedor por um período de tempo (PMPF[5]). Da mesma forma, outros passivos operacionais como salários e impostos, por exemplo, (PMPS e PMPI) também não são pagos à vista, pois, em média, serão pagos com um pequeno prazo. Os dados apresentados no quadro 80 foram retirados do quadro 79.

[5] PMPF — prazo médio de pagamento de fornecedores; PMPS — prazo médio de pagamento de salários e PMPI — prazo médio de pagamento de impostos.

Conta contábil	VALOR
Fornecedores	R$ 6.720
Salários e Encargos Sociais	R$ 700
Impostos	R$ 1.160
Total do passivo operacional	R$ 8.580

Quadro 80: Passivo Operacional

Dessa maneira, o ciclo de caixa, que em última análise resume os investimentos realizados e os financiamentos recebidos, pode ser expresso por meio da seguinte equação:

Ciclo de Caixa = PMM + PMP + PMA + PMC – (PMPF + PMPS + PMPI)

Conforme temos insistido, são raros os casos em que as contas de ativo operacional são financiadas pelo passivo operacional, como seria desejável. Assim, a equação do ciclo de caixa invariavelmente será constituída de um número positivo, ou seja, o número que representará a necessidade de capital de giro de curto prazo (NCG[6]), a qual coincide com o número encontrado pela contabilidade tradicional, embora com outra visão e enfoque.

Ativo Operacional – Passivo Operacional = (NCG)

Para ilustrar os valores dos quadros 79 e 80, agora em termos numéricos, são apresentados, a seguir, os cálculos dos prazos médios dessas contas em número de dias, considerando que o balanço apresentado no quadro 67, refere-se a um período de 360 dias (ano comercial). É possível estender os conceitos para períodos menores e, assim, calcular os prazos baseados em termos mensais, por exemplo.

---

[6] Como estamos tratando apenas do ativo operacional de curto prazo, a nomenclatura usada é NGC, caso os números representassem o ativo operacional total a nomenclatura seria NTCG.

Entretanto, para transformar os números do balanço em termos de dias, são necessárias informações adicionais sobre a empresa, de modo a completar a análise (quadro 81).

Informações Adicionais do Quadrimestre	
Total das vendas no período	R$ 60.000
Custo do Produto Vendido (CPV)	R$ 24.000
Matéria-Prima consumida no ciclo	R$ 11.790
Compras realizadas dentro do ciclo	R$ 32.595
Salários pagos no ciclo	R$ 12.429
Imposto recolhidos no ciclo	R$ 15.439

Quadro 81: Informações Adicionais da Empresa

Ciclo de Caixa = PMM + PMP + PMA + PMC – (PMPF + PMPS + PMPI)

Para encontrar os elementos da equação acima apresentada, é necessário calcular o prazo médio em dias de cada um dos investimentos no caixa, bem como dos financiamentos. A seguir, vamos iniciar os cálculos com os investimentos nos vários tipos de estoque utilizados, para obter o produto final. Todos os dados estão de acordo com o quadro 67. Vale recordar que, pelo fato de a demonstração financeira estar expressa em anos, o prazo de ponderação considerado será de 360 dias.

Observando-se o balanço contido no quadro 67, percebe-se que a empresa investiu R$ 1.400 em estoques de matéria-prima. Esse tipo de estoque é um “mal necessário”, assim como os demais tipos de estoques verificados a seguir, que devem ser reduzidos ao mínimo até o momento em que esse número não prejudique a produção. Calculamos sempre no modelo adaptado ao proposto por Assaf Neto (1995):

Prazo Médio de Estocagem das Matérias-primas – PMM

PMM = (Estoque de Matérias-primas / Consumo de MP) x 360

PMM = (R$ 1.400 / R$ 11.790) x 360 = 43 dias

O cálculo anterior demonstrou que a empresa tem estoques, em média, para 43 dias de produção. Como o custo do dinheiro é extremamente elevado, pode-se concluir que manter um investimento por tanto tempo nesse montante não é desejável. Assim, não são raros os casos em que as empresas oferecem bônus para os executivos responsáveis pela manutenção do PMM, de modo que esses profissionais implantem e controlem sistemas que resultem na redução de tais valores, em troca de bônus salariais. Em um exemplo: um contrato entre o gerente e a empresa estabelece que ele fará jus a um prêmio extra de cinco remunerações mensais, pagas numa única vez, se o PMM for reduzido para 35 dias, no prazo de 360 dias. Destarte que todos ganham: o executivo trabalha por uma meta, e a empresa reduz níveis indesejáveis de investimentos de capital em estoques.

Pode-se estender o raciocínio descrito no parágrafo anterior para os demais tipos de estoque, como por exemplo, para o produto em processo e acabado.

Prazo Médio de Fabricação ou de Produtos em Processo – PMP

PMP = (Estoque de Produtos em Processo / CPV) x 360

PMP = (R$ 1.080 / R$ 24.000) x 360 = 16 dias

Prazo Médio de Vendas ou de Produtos Acabados – PMA

PMA = (Estoque de Produtos Acabados / CPV) x 360

PMA = (R$ 2.370 / R$ 24.000) x 360 = 36 dias

Acelerar o processo de produção bem como incrementar as vendas de modo a reduzir o tempo que o produto final (PMA) fica parado nos estoques, até que sejam faturados contra os clientes, pode ser extremamente lucrativo. Adicionalmente, como veremos mais adiante, reduzir esses prazos pode ser uma alternativa para obter recursos e, assim, "financiar" um aumento nas vendas, ou seja, a empresa aumenta as vendas, mas sem a necessidade de investimento em capital de giro, que não aumenta na mesma proporção porque o processo de produção foi otimizado e os valores dos estoques foram reduzidos. Esse ponto do estudo mostra que os estoques, na sua totalidade, têm um prazo médio de 95 dias dentro do ciclo produtivo, ou seja:

Prazo médio dos vários estoques = PMM + PMP + PMA

Prazo médio dos vários estoques = 43 dias + 16 dias + 36 dias

Prazo médio dos vários estoques = 95 dias

Uma vez calculados os prazos médios de estoque pelo lado do ativo operacional de curto prazo, vamos verificar quanto tempo (representado em dias) a empresa financia, em média, os seus clientes. O PMC é um dos tabus da administração, fonte de conflitos internos e paradoxos. O gerente financeiro quer reduzir o PMC ao mínimo, porém, se tal ocorresse, o gerente comercial não conseguiria vender o produto e acompanhar a concorrência, por exemplo. De todo modo, como o volume de dinheiro investido em capital de giro para financiar vendas dos clientes é sempre muito elevado, as empresas devem manter esse tipo de conta constantemente monitorado. E ainda a remuneração dos gerentes envolvidos, tanto da área comercial como financeiras, deve estar diretamente ligada aos prazos médios dessas contas.

Prazo Médio de Cobrança – PMC

PMC = (Duplicatas a Receber / Vendas) x 360

PMC = (R$ 11.070 / R$ 60.000) x 360 = 66 dias

Assim, pelo lado dos ativos operacionais, ou seja, dos investimentos realizados pela empresa em capital de giro, temos um prazo médio de 161 dias, o que equivaleria dizer que, se a empresa não recebesse nenhum financiamento operacional (fato que não corresponde à verdade como verificaremos a seguir), contando a partir do dia em que realizou o seu primeiro desembolso, adquirindo estoques de matérias-primas até o dia em que o dinheiro recebido do pagamento da duplicata efetivamente ingressou no caixa, passaram-se 161 dias. Pode-se concluir que um projeto de otimização de estoques de matéria-prima, processo produtivo, vendas e arrecadação, resultará em expressivas reduções de investimentos no capital de giro. Relembrando a conta efetuada:

Prazo médio dos vários estoques e do financiamento dos clientes = PMM + PMP + PMA + PMC

Prazo médio dos vários estoques e do financiamento dos clientes = 43 dias + 16 dias + 36 dias + 66 dias

Prazo médio dos vários estoques e do financiamento dos clientes = 161 dias

Calculado o número de dias de investimento no ativo operacional de curto prazo, vamos, agora, verificar quantos dias a empresa recebe de financiamento dos fornecedores, empregados e impostos, no passivo operacional. Inicialmente, vamos dedicar atenção ao financiamento recebido dos fornecedores. Esse tipo de financiamento é a melhor alternativa que uma empresa poderia encontrar para financiar suas necessidades de capital de giro.

Prazo Médio de Pagamento de Fornecedores – PMPF

PMPF = (Fornecedores a Pagar / Compras) x 360

PMPF = (R$ 6.720 / R$ 32.595) x 360 = 74 dias

Em finanças, utiliza-se uma máxima, que deve se aplicada com bom senso: os pagamentos devem ser retardados ao extremo. Então, quanto mais prazo for obtido para pagamento dos fornecedores, empregados e impostos (apenas para mencionar alguns exemplos), menor será a necessidade de investimento de capital em giro. Obter mais prazo para pagamento de empregados e impostos é muito difícil, mas procurar alternativas de fornecimento e estudar processos de suprimentos invariavelmente tem resultados positivos.

Prazo Médio de Pagamento de Salários e Encargos Sociais – PMPS

PMPS = (Salários a Pagar / Salários incorridos no período) x 360

PMPS = (R$ 700 / R$ 12.429) x 360} = 20 dias

Finalmente, vamos calcular o prazo médio de pagamento de impostos, uma conta que invariavelmente representa expressivos valores, haja vista a proporção que os impostos vêm assumindo, face à voracidade tributária do "estado".

Prazo Médio de Pagamento de Impostos – PMPI

PMPI = (Impostos a Pagar / Impostos incorridos) x 360

PMPI = (R$ 1.160 / R$ 15.439) x 360} = 27 dias

Em resumo, os financiamentos operacionais recebidos pela empresa representam um total de 121 dias.

Prazo médio do passivo operacional = PMPF + PMPS + PMPI

Prazo médio do passivo operacional = 74 dias + 20 dias + 27 dias

Prazo médio do passivo operacional = 121 dias

Finalmente, o quadro 82 resume os ativos e passivos circulantes operacionais de curto prazo em dinheiro e em número de dias. Explicando melhor, comparam-se os dias que a empresa investiu em capital de giro com os dias que a empresa recebeu de financiamento no desenvolvimento das atividades operacionais de curto prazo.

Conclui-se que a necessidade de capital de giro é equivalente a 44 dias do ciclo de produção. Trata-se de um investimento de risco sujeito a perdas, pela natureza dos capitais envolvidos e cuja remuneração é reduzida. Trabalhar esse número de dias com projetos que objetivem sua redução deve ser uma das preocupações primordiais dos executivos bem intencionados e preocupados com a saúde financeira das empresas.

Item	Valores	Número de dias
Investimentos Realizados no ciclo operacional de curto prazo		
Duplicatas a Receber	R$ 11.070	66
Estoques:	R$ 4.850	97
Matérias-primas	R$ 1.400	43
Produtos em Processo	R$ 1.080	16
Produtos Acabados	R$ 2.370	36

(continua)

(continuação)

Item	Valores	Número de dias
Ativo Circulante Operacional:	R$ 15.920	161
Financiamentos Recebidos de Caráter Operacional de curto prazo		
Fornecedores	R$ 6.720	74
Salários e Encargos Sociais	R$ 700	20
Impostos	R$ 1.160	27
Passivo Circulante Operacional:	R$ 8.580	122
Necessidade de Capital de Giro (NCG):	R$ 7.340	44

QUADRO 82: **Resumo do Ciclo Operacional**

A figura 11 expressa a dicotomia existente entre as fontes de financiamento (passivo) e as respectivas aplicações (ativo), denotando uma necessidade de capital de giro, expresso em 44 dias, uma vez que, como no ciclo as necessidades de investimentos operacionais são de 161 dias e as fontes de financiamento cobrem apenas 121 dias, o empresário deverá buscar em outros passivos (financeiros - de curto prazo ou permanentes - de longo prazo), os recursos necessários para complementar o ciclo operacional.

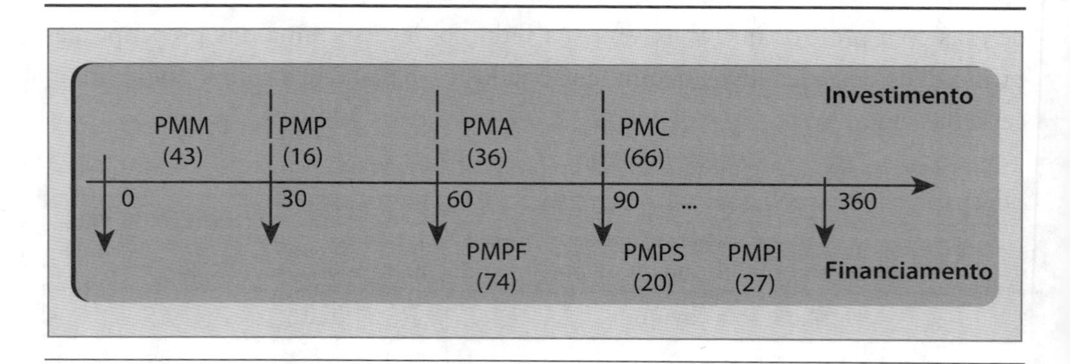

FIGURA 11: Necessidade de Financiamento da Empresa

Todavia, Assaf Neto (1995) argumenta com razão que as necessidades de capital de giro (NCG) expressas em números de dias são difíceis de parametrizar. Assim, seria razoável transformá-los em alguma medida monetária, dias de venda, por exemplo. Desse modo, pode-se obter a necessidade de investimento de capital de giro correspondente aos dias de venda, ou melhor, o resultado final apresentará que os ativos operacionais superam os passivos operacionais, sendo necessário um investimento adicional de recursos, de curto ou longo prazo, equivalente a certo número de dias de venda da empresa.

Prazo Médio de Estocagem das Matérias-primas – PMM

PMM = Estoque de Matérias-primas / Vendas x 360

PMM = R$ 1.400 / R$ 60.000 x 360 = 8 dias de venda

Os proprietários dos capitais estarão mais sensíveis e, também, compreenderão melhor que o investimento realizado no estoque de matéria-prima equivale a 8 dias de vendas da empresa.

Prazo Médio de Fabricação – PMP

PMP = Estoque de Produto em Processo / Vendas x 120

PMP = R$ 1.080 / R$ 60.000 x 360 = 7 dias de venda

Prazo Médio de Vendas – PMA

PMA = Estoque de Produto Acabado / Vendas x 120

PMA = R$ 2.370 / R$ 60.000 x 360 = 14 dias de venda

Os cálculos evidenciam que os estoques representam um investimento de capital equivalente a 29 dias de venda, o que equivaleria dizer, em termos monetários, um valor de R$ 4.833 (R$ 60.000 / 360 dias x 29 dias de venda).

Prazo médio dos vários estoques em dias de vendas = PMM + PMP + PMA

Prazo médio dos vários estoques em dias de vendas = 8 dias + 7 dias + 14 dias

Prazo médio dos vários estoques em dias de vendas = 29 dias

Admite-se que os prazos de estocagem relacionam-se estreitamente com as vendas. Alterações que venham a ocorrer no volume de vendas e de compras afetam direta e proporcionalmente o nível dos estoques e os custos de produção. A expressão de cálculo a seguir fornece o valor dos investimentos, em número de dias de venda, realizados para financiar os clientes, ou seja, o prazo médio de contas a receber.

Prazo Médio de Cobrança – PMC

PMC = Duplicatas a Receber / Vendas x 360

PMC = R$ 11.170 / R$ 60.000 x 360 = 67 dias de venda

Em resumo, pelo lado do ativo operacional de curto prazo, o investimento em capital de giro importa num volume de recursos equivalente a R$ 16.000 (R$ 60.000 / 360 dias x 96), ou seja, corresponde a 96 dias de venda.

Prazo médio em dias de venda do ativo operacional = PME + PMF + PMV + PMC

Prazo médio em dias de venda do ativo operacional = 8 dias + 7 dias + 14 dias + 67 dias

Prazo médio em dias de venda do ativo operacional = 96 dias

Finalmente, resta agora calcular os prazos médios de financiamento recebido (passivo operacional), em dias de venda.

Prazo Médio de Pagamento de Fornecedores – PMPF

PMPF = Fornecedores a Pagar / Vendas x 360

PMPF = R$ 6.720 / R$ 60.000 x 360 = 40 dias de venda

A identidade do PMPF fornece o valor, expresso em dias de vendas, dos créditos concedidos pelos fornecedores da empresa.

Prazo Médio de Pagamento das Despesas Operacionais – PMPS

PMPS = Despesas Operacionais a Pagar / Vendas x 360

PMPS = R$ 700 / R$ 60.000 x 360 = 4 dias de venda

Prazo Médio de Pagamento das Despesas Operacionais – PMPI

PMPI = Despesas Operacionais a Pagar / Vendas x 360

PMPI = R$ 1.160 / R$ 60.000 x 360 = 7 dias de venda

O cálculo dos prazos médios de pagamentos de despesas fornece o valor, expresso em dias de vendas, dos créditos recebidos dos diversos credores, tais como empregados, governo (impostos, tarifas, encargos sociais), etc. Finalizando, pelo lado do passivo operacional, os financiamentos recebidos para investimento em capital de giro resultam num volume de recursos equivalentes a R$ 8.500 (R$ 60.000 / 360 dias x 51), ou seja, corresponde a 51 dias de venda.

Prazo médio em dias de venda do passivo operacional = PMPF + PMPS + PMPI

Prazo médio em dias de venda do passivo operacional = 40 dias + 4 dias + 7 dias

Prazo médio em dias de venda do passivo operacional = 51 dias

A partir dessas novas informações, pode-se, agora, calcular o valor dos ativos e passivos operacionais em número de dias de venda da empresa, conforme foi apresentado no quadro 83.

Item	Valores	Número de dias	Dias de venda
Duplicatas a Receber	R$ 11.070	66	67
Estoques:	R$ 4.850	97	29
Matérias-primas	R$ 1.400	46	8
Produtos em Processo	R$ 1.080	16	7
Produtos Acabados	R$ 2.370	36	14
Ativo Circulante Operacional:	R$ 15.920	164	96
Fornecedores	R$ 6.720	74	40
Salários e Encargos a Pagar	R$ 700	20	4
Impostos a Pagar	R$ 1.160	27	7

(continua)

(continuação)

Item	Valores	Número de dias	Dias de venda
Passivo Circulante Operacional:	R$ 8.580	122	51
Necessidade de Investimento em Giro (NCG):	R$ 7.340	39	44

QUADRO 83: Ativos e passivos operacionais da empresa em dias de venda

A empresa realizou investimentos em ativos operacionais equivalentes a 96 dias de venda ou, em termos monetários, em R$ 16.000, já que os financiamentos recebidos equivalem a 51 dias de venda ou R$ 8.500 (quadro 84). Como conceitualmente a necessidade de capital de giro é estabelecida pela diferença entre o ativo operacional e o passivo operacional, em dias de vendas, essa necessidade de recursos é de 44 dias de vendas, ou R$ 7.340.

Item	Vendas	Dias do ano	Dias de venda	Investimento no Giro
Ativos Operacionais de curto prazo	R$ 60.000	360	96	R$ 16.000
Passivos Operacionais de curto prazo	R$ 60.000	360	51	R$ 8.500
Necessidade de Capital de Giro	R$ 60.000	360	44	R$ 7.340

QUADRO 84: Necessidade de capital de giro – cálculo (Ativos Operacionais de curto prazo = R$ 60.000 / 360 dias x 96 = $ 16.000

Deve-se considerar, agora, como exemplo para firmar os conceitos revisados anteriormente, a possibilidade de a empresa aumentar as vendas em 50%. Diante de tal situação, deveria aumentar, automaticamente, seus investimentos em capital de giro, pois teria maiores volumes de recursos no financiamento dos seus clientes e também em estoques. Nesse caso, aumentando as vendas em 50%, mantidas as condições anteriores, a necessidade de capital de giro teria aumentado para R$ 11.000 (R$ 60.000 + 50% / 360 dias x 44).

Não obstante termos repetido inúmeras vezes, durante o desenvolvimento do texto, deve se considerar o emprego da palavra investimento como forma de aporte de capital de giro. Esclarecemos esse ponto novamente porque as pessoas normalmente associam a palavra "investimento" a uma aplicação financeira, o que não é o caso no contexto apresentado.

Uma vez que as vendas aumentam e a necessidade de capital de giro aumenta também em R$ 7.340 (R$ 15.920 - R$ 8.580), conforme mostra o quadro 85, resta uma clássica pergunta repetida pelos administradores financeiros: qual será a fonte de financiamento para a necessidade adicional de recursos?

Item	Valores
Duplicatas a Receber	R$ 11.070
Estoques:	R$ 4.850
Matérias-primas	R$ 1.400
Produtos em Processo	R$ 1.080
Produtos Acabados	R$ 2.370
Ativo Circulante Operacional:	R$ 15.920
Fornecedores	R$ 6.720
Salários e Encargos a Pagar	R$ 700
Impostos a Pagar	R$ 1.160
Passivo Circulante Operacional:	R$ 8.580
Necessidade de Investimento em Giro (NCG):	R$ 7.340

Quadro 85: Necessidade de Capital de Giro

Para responder à pergunta, elaboramos uma lista de questionamentos para cada um dos investimentos a serem realizados, bem como para cada uma das fontes de financiamento da NGC:

Pelo lado do ativo:

- Duplicatas a receber: reduzindo o prazo de financiamento concedido para os clientes, poder-se-iam obter os recursos necessários, diminuindo a necessidade de capital de giro, mas, por certo, tal medida afetaria o volume de vendas, dando alguma espécie de vantagem para a concorrência.

- Estoques: verificar junto à área de produção se é possível adquirir menores quantidades de matéria-prima. É possível reduzir o tempo de fabricação? Podem-se acelerar as vendas?

Pelo lado do passivo:

- Fornecedores: os fornecedores estão dispostos a aumentar o prazo de financiamento atualmente concedido? Qual seria o custo adicional envolvido, caso exista?

- Despesas Operacionais: Há alguma possibilidade de se obterem maiores prazos de pagamento? É possível retardar os pagamentos dos salários, dos impostos, outros?

Considerando a hipótese de que nenhuma das alternativas fosse viável na prática, o administrador financeiro teria ainda duas outras possibilidades de obtenção dos recursos necessários para investir no giro e financiar o aumento nas vendas, recorrendo a:

- Empréstimos ou outras fontes do passivo financeiro de curto prazo.
- Novas subscrições de capital ou empréstimos de longo prazo.

3.7. CONSIDERAÇÕES FINAIS

O processo de tomada de decisão financeira implica identificar prioridades e objetivos. As empresas precisam incluir em seu planejamento o gerenciamento do efeito overtrade[7] para evitar o desequilíbrio financeiro. As empresas podem estar buscando maior participação no mercado, por meio do incremento das vendas, mesmo sem ter recursos financeiros para financiar essas medidas. Esse fenômeno, explicado pelo Professor Armando Rasoto (2001), é o efeito que os aumentos seguidos das vendas provocam nas demais contas, elevando a necessidade de capital de

[7] Em finanças significa o ato de fazer negócios superiores aos recursos financeiros da companhia.

giro, fazendo com que muitas empresas sucumbam, por não encontrarem fontes de financiamento operacionais para bancar essa necessidade de aumento de capital de giro, vendo-se obrigadas a recorrer aos empréstimos.

Em verdade, na maioria das vezes, o que se observa na prática é que o recurso utilizado para o financiamento do aumento das vendas é sempre aquele de mais fácil obtenção: empréstimos de curto prazo, conta garantida, desconto de duplicatas, entre outros. Entretanto, tais fontes são reconhecidamente caras, com mais de 50% de juros em termos médios, segundo dados publicados pelo BACEN todos os meses. Se a empresa atua em um mercado muito competitivo, certamente poderá ter problemas para conseguir repassar para os preços tais custos financeiros tão elevados, iniciando um lento e gradual período de deterioração de seus indicadores, o que poderá resultar, a médio e longo prazos, na sua própria insolvência. É o aumento das vendas levando a empresa a uma situação difícil.

Por fim, é conveniente lembrar o extremo poder da ferramenta gerencial que consiste na adoção de cálculos de prazos médios mensais para contas contábeis estratégicas. Certamente, as oportunidades de gerenciamento são ainda maiores e mais eficazes e evitam as distorções causadas por dados anuais. Em nossos exemplos, o Balanço Patrimonial era anual, porém, na prática, temos balancetes mensais. Nesse caso, os cálculos são baseados nas variações a cada 30 dias e não mais com 360 dias, como calculado anteriormente.

Para finalizar, pegue-se um pequeno exemplo de distorção de análise, sob a ótica da contabilidade tradicional, para avaliar suas consequências:

Uma empresa possui estoque inicial de matérias-primas (saldo final do Balanço Patrimonial do ano anterior), no valor de R$10.000,00 e termina o ano com um saldo final (também apresentado em seu Balanço), de R$20.000,00. Qual o valor de seu saldo médio? Alguns certamente calculariam R$15.000,00 ((R$10.000,00 + R$ 20.000,00)/2), utilizando tal informação para os cálculos de rotatividade e de prazos médios de estocagem. Certo? Imagine, então, que fornecidos os valores mensais, fosse possível calcular o valor real do saldo médio mensal. Veja:

Janeiro	-	R$10.000,00	Julho	-	R$50.000,00
Fevereiro	-	R$50.000,00	Agosto	-	R$50.000,00
Março	-	R$50.000,00	Setembro	-	R$50.000,00
Abril	-	R$50.000,00	Outubro	-	R$50.000,00
Maio	-	R$50.000,00	Novembro	-	R$50.000,00
Junho	-	R$50.000,00	Dezembro	-	R$20.000,00

A média aritmética, agora, é representada por $ 45.000, três vezes a média encontrada pelo cálculo anual.

Capítulo 4

Análise da Situação de Financiamento Empresarial — Uma Visão Estática

4 ANÁLISE DA SITUAÇÃO DE FINANCIAMENTO EMPRESARIAL — UMA VISÃO ESTÁTICA

RESUMO:

Percebe-se, na prática, que muitos aspectos importantes do processo de análise estática das demonstrações contábeis, mais conhecida como análise de balanços, são ignorados por seus usuários.

As demonstrações contábeis ou financeiras, previstas no artigo 176 da Lei 6.404/76, são elaboradas por profissionais da área contábil, atendendo aos Princípios Contábeis e às normas internacionais (IFRS – *International Financial Reporting Standards*). Ainda há diferenças entre as normas utilizadas no Brasil e os padrões IFRS, entretanto.

Assim, encontramos análises simples e descompromissadas com o real objetivo do processo, análises com pura aplicação de fórmulas transcritas de editais de licitação ou de livros, sem a preocupação com o seu fundamento intrínseco. É lamentável que os acadêmicos ainda não tenham se manifestado com grande ênfase a respeito e que a discussão sobre esse tema ainda seja tão escassa. Muitos livros trazem abordagens tradicionais e pouco circunstanciadas. Procuramos oferecer aqui uma análise crítica, devidamente fundamentada e exemplificada, para conduzir o estudioso leitor a uma profundidade de abordagem de forma diferenciada.

A Lei 6.404/76 é conhecida como Lei das Sociedades Anônimas, mas é também aplicável, em muitos casos, às demais sociedades como as sociedades limitadas e os demais tipos jurídicos, com ou sem caráter mercantil.

O artigo 176 da Lei 6.404/76 prevê a elaboração, no final de cada exercício social, das seguintes demonstrações: Balanço Patrimonial, Demonstração do Resultado do Exercício (DRE), Demonstração dos Lucros ou Prejuízos Acumulados (DLPA), Demonstração dos Fluxos de Caixa (DFC) e da Demonstração do Valor

Adicionado (DVA). O artigo 186 disciplina que, quando elaborada a Demonstração das Mutações do Patrimônio Líquido (DMPL) e nela contida, portanto, a DLPA, que então não precisa ser elaborada. A DFC, entretanto, é obrigatória apenas para as sociedades por ações com capital aberto e com patrimônio líquido superior a R$ 2 milhões e a DVA é somente obrigatória para as companhias abertas, com ações listadas na Bolsa.

Recentemente foi criada a ITG 1000 (Interpretação Técnica Geral 1000), com um modelo contábil simplificado para as microempresas e empresas de pequeno porte.

As demonstrações financeiras ou contábeis são elaboradas de acordo com os Princípios Contábeis e as Normas Brasileiras de Contabilidade (NBC)[1], através de Resoluções emitidas pelo Conselho Federal de Contabilidade e pelo Comitê de Pronunciamentos Contábeis.

As demonstrações contábeis são formais e obedecem a uma estrutura singular, não cedendo margem a manobras ou interpretações que possam prejudicar o bom entendimento delas. Os grupos de contas são classificados de acordo com uma sistemática bem definida, e qualquer irregularidade pode comprometer a demonstração.

Os grupos de contas dentro do Balanço Patrimonial, por exemplo, identificados como Ativo Circulante e Ativo Não Circulante (Realizável a Longo Prazo e itens de Investimentos, Imobilizado e Intangíveis, genericamente conhecidos como Ativo Permanente, apesar da extinção da nomenclatura na legislação atual), e no Passivo os grupos do Passivo Circulante, Passivo Não Circulante e Patrimônio Líquido, que possuem características próprias e bem definidas para a Contabilidade (quadro 86). A apresentação ou a publicação de tais demonstrações pode ser realizada de forma sintética ou analítica. Isso dependerá, em muito, de sua finalidade e transparência. O grau de apresentação, mais sintético ou mais analítico, não é rigorosamente definido na legislação.

---

[1] O Conselho Federal de Contabilidade (CFC) é o principal órgão normatizador da Contabilidade no Brasil. São editadas Resoluções do CFC que aprovam as Normas Brasileiras de Contabilidade. Todas as Resoluções podem ser encontradas através do site do CFC em www.cfc.org.br. O Comitê de Pronunciamentos Contábeis) emite ao Pronunciamentos, Interpretações Técnicas, Orientações e outros documentos que normatizam as estruturas e definições contábeis, aproximando-as das normas internacionais. Os documentos emitidos pelo CPC podem ser encontrados no site www.cpc.org.br

É conveniente lembrar que a CVM disponibiliza as demonstrações financeiras das empresas listadas na BM&FBovespa, inclusive de forma trimestral. De qualquer modo, algumas publicações de tais demonstrações são realizadas de forma resumida, desde a permissividade dada pela IN CVM 232, de 10/02/1995, revogada pela IN CVM 480/2009[2]. De acordo com as normas atuais, a nova estrutura do Balanço Patrimonial passa a ser a representada no quadro 86:

Ativo	Passivo
Ativo Circulante	Passivo Circulante
Ativo Não Circulante	Passivo Não Circulante
Realizável a Longo Prazo	Patrimônio Líquido
Investimentos	Capital Social
Imobilizado	(-) Capital a integralizar
Intangível	Reservas de Capital
	Ajustes de Avaliação Patrimonial
	Reservas de Lucros
	(-) Ações em Tesouraria
	Resultados (Prejuízos) Acumulados

Quadro 86: Balanço patrimonial

4.1. Objetivos da Análise

Para iniciar um processo de análise de balanços é preciso antes conhecer seus objetivos, os quais poderão ser diversos e também atender a uma infinita gama de usuários: análise gerencial, crédito, etc.

Conhecidos os objetivos, é preciso preparar as demonstrações para a análise, reclassificando, muitas vezes, alguns saldos, padronizando as demonstrações para efeitos de comparabilidade, readequando sua apresentação, entre outros pro-

[2] As Instruções Normativas e outros atos emanados da CVM podem ser encontrados no site www.cvm.gov.br no link de legislação e regulamentação.

cedimentos. A contabilidade gerencial usa os dados da contabilidade tradicional e, muitas vezes, altera o seu formato, sempre na busca da melhor forma de análise.

Não são raras as vezes que se observa total descaso com estas providências prévias aos estudos! Em processos de licitações, por exemplo, na qualificação econômico-financeira solicitada pelos editais, os índices são calculados sem qualquer alteração ou ajuste nas contas dos licitantes e a análise é realizada com os números apresentados nas demonstrações tal como saíram da contabilidade, sem os devidos ajustes. A falta de padronização acaba por comparar coisas incomparáveis, isso sem mencionar que uma abordagem para avaliar o potencial de crédito é muito diferente de capacidade de execução e entrega de uma obra ou mercadoria.

Nesta parte da análise, colocaremos ênfase no artigo 31, parágrafo 5º da Lei 8.666/93, que trata do uso de indicadores comuns e impede a utilização de modelos especiais, procurando evitar aberrações à ciência contábil.

Devemos, então, ter o cuidado necessário para obter um bom processo de análise. Por exemplo: estaria correta a alocação das despesas antecipadas dentro do ativo circulante, para efeitos de análise da liquidez? Vamos lembrar a fórmula da liquidez corrente, que é obtida pela divisão do montante do ativo circulante pelo montante do passivo circulante.

$$\text{Liquidez Corrente} = \frac{\text{Ativo Circulante}}{\text{Passivo Circulante}}$$

Figura 12: Índice de liquidez corrente

São componentes do grupo Ativo Circulante as contas representativas de saldos de disponibilidades (caixa, bancos, aplicações financeiras), os créditos de curto prazo (conforme entendimento contábil), os estoques e as despesas antecipadas (despesas pagas antecipadamente que comporão o resultado em períodos futuros). São componentes do Passivo Circulante as obrigações vencíveis em curto prazo (no entendimento contábil, curto prazo refere-se a vencimentos que ocorrerão até o término do exercício social seguinte ao ano da demonstração).

Analisados os componentes, verifica-se que, dentro do Ativo Circulante, algumas parcelas não se convertem em espécie (dinheiro), não sendo componentes representativos de liquidez da entidade analisada. Em especial, podemos citar as despesas pagas antecipadamente, que não se incorporarão resultado na DRE, não gerando caixa. No processo de análise, esse tipo de saldo deveria ser reclassificado para fins gerenciais.

Outros casos que podemos mencionar referem-se ao saldo redutor de duplicatas descontadas ou ao valor do estoque mínimo de segurança, dentro do ativo circulante. Vamos tomar outro exemplo, lembrando, agora, a fórmula da liquidez geral, apenas para completarmos a visão com a reclassificação dentro dos grupos passivos.

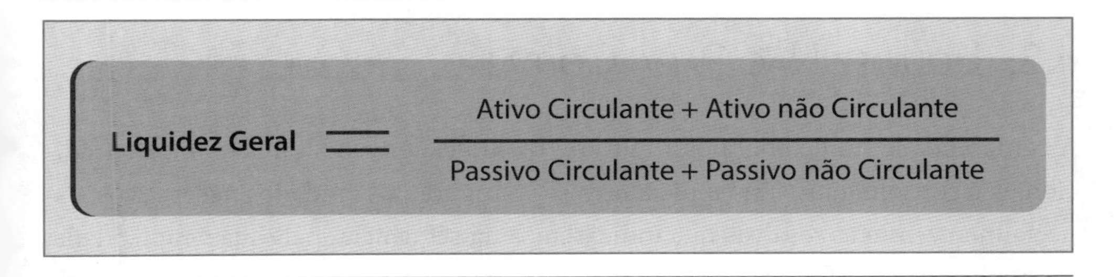

Figura 13: Índice de liquidez geral

No Passivo Circulante, são lançadas as obrigações de curto prazo. As obrigações de longo prazo são lançadas no grupo do Passivo não Circulante e correspondem às obrigações com vencimento além do término do exercício social subsequente à elaboração das demonstrações. Anteriormente às recentes alterações na legislação, um grupo de contas logo abaixo do passivo não circulante e antes do Patrimônio Líquido (PL) era denominado de Resultados de Exercícios Futuros. Este grupo era previsto na Lei 6.404/76 em seu artigo 178, parágrafo 2° e no artigo 181, ambos atualmente revogados. Esse grupo contemplava uma dificuldade especial de utilização pela classe contábil, face à sua especificidade. Era muito difícil encontrar uma conta que realmente se enquadrasse nas características desse grupo. A natureza das contas desse grupo, hoje extinto, indicava que os valores ali alocados não poderiam representar obrigação de qualquer espécie por parte da entidade. Tais valores hoje foram reclassificados nas demonstrações das empresas. Os valores devem ser devidamente consignados nos grupos de passivo circulante ou passivo não circulante, conforme o caso. A título de curiosidade, alguns autores na área de análise de balanços, em livros mais antigos, consideravam a possibilidade de reclassificação desse tipo de saldo (Resultado de Exercícios Futuros) diretamente ao PL, o que interferiria em outros índices no processo de análise, como os índices de rentabilidade ou de endividamento, considerados sobre o PL.

O processo de análise das demonstrações contábeis pode ser realizado de diversas formas: análise propriamente dita, análise por quocientes, análise vertical, análise horizontal ou comparação com padrões (setoriais, por exemplo). De toda forma, a análise reveste-se de aspectos estáticos e dinâmicos, e nenhum índice deve ser considerado isoladamente.

4.2. Liquidez Não Paga Conta!

A contabilidade tradicional possui um rol de indicadores de liquidez, muito tradicionais e consolidados. Tais indicadores se vistos com os cuidados necessários, especialmente com as resalvas que indicaremos na sequencia, pela sua simplicidade, são uma excelente ferramenta de análise. Vejamos os mais usados indicadores de liquidez de uma empresa comercial.

Nenhum dos três indicadores: liquidez corrente, liquidez seca e liquidez geral, garantem a capacidade de pagamento das organizações. Certamente a comparação dos índices de liquidez corrente e de liquidez seca permite uma avaliação da dependência que a empresa possui sobre a rotatividade de seus estoques.

Muitas vezes encontramos interpretações errôneas desses indicadores. Certamente eles mostram, de modo muito particular, o rumo que a empresa está tomando em relação à sua capacidade de pagamento, seja no curto ou no longo prazo. A apreciação comparativa desses indicadores permite a correta análise, em conjunto com os demais índices, da política financeira da organização, bem como seu previsível futuro financeiro. No entanto, muitas vezes, almeja-se considerar que tal capacidade de pagamento (capacidade potencial) confunde-se com a realização de compromissos financeiros. Isso é demonstrado no Fluxo de Caixa e não no Balanço Patrimonial, pois depende de fatores extrínsecos.

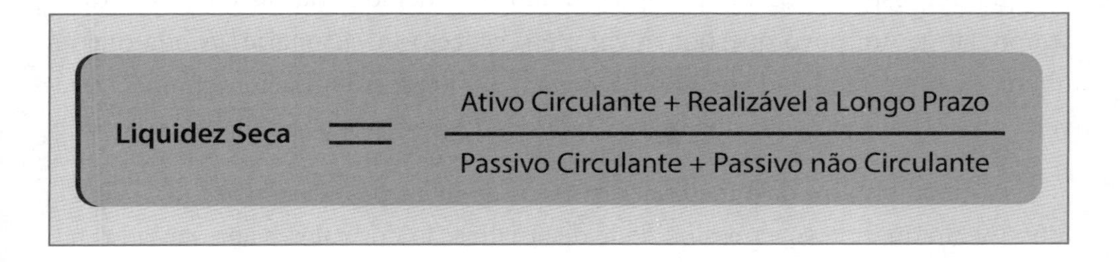

Figura 14: Índice de liquidez

É comum a utilização do parâmetro maior do que 1,0 para se considerar uma boa liquidez, contudo, isso é incorreto. Para uma empresa do ramo da construção civil, por exemplo, um índice de 1,5 ou 2,0 ou até mesmo 3,0 pode ser considerado péssimo e até mesmo inviável financeiramente. Já uma empresa de comércio varejista, com uma mercadoria de alta rotatividade, pode trabalhar normalmente com um índice de liquidez de curto prazo muito inferior a um.

Outra abordagem importante é a relativa aos prazos de realização e de exigibilidade dos componentes da fórmula. Vejamos um exemplo bastante simples:

Uma empresa de comércio possui um Ativo Circulante na ordem de R$ 2.000,00 e um Passivo Circulante de R$ 1.000,00. Sua liquidez corrente é de 2,0. Na literatura, encontra-se que ela possui R$ 2,00 para cada um de dívida total no curto prazo. Será que isso é bom e suficiente?

Suponha que o Ativo Circulante seja composto apenas por contas a receber e que o Passivo Circulante seja apenas de fornecedores (contas a pagar). E os prazos? As contas a receber de clientes realizam-se, em nosso exemplo, em média em 45 dias e as contas a pagar aos fornecedores têm vencimento para 30 dias. Temos um descompasso de 15 dias! Isso não parece bom, apesar de o índice apontar "elogiosos" 2,00/1,00 (dois por um).

4.3. A COMPARABILIDADE DAS ANÁLISES É PREJUDICADA SE NÃO CALCULARMOS A INFLAÇÃO ENTRE OS PERÍODOS.

No que diz respeito aos valores apresentados nas demonstrações e o conceito de tempo, surge um novo questionamento: e o aspecto inflacionário? Ainda que tenhamos certa estabilidade na nossa moeda e um processo inflacionário mais estável, certamente a variação dos valores no tempo é um fator a ser considerado.

O que disciplinaria a matéria, nos casos de licitações, seria o artigo 31 da Lei 8.666/93, o qual prevê a possibilidade de atualização dos valores apresentados nas demonstrações exigidas, quando elas foram encerradas há mais de três meses. Tal atualização seria realizada por índices oficiais. Devemos analisar o contexto observando a qualidade e a distinção dada por outro diploma legal, a Lei 9.249/95 que, em seu artigo 4º, extinguiu a correção monetária de balanços, inclusive para fins societários. Não se pode afirmar a revogação de um artigo pelo outro, por se tratar de leis especiais, enfocando objetos específicos, mas também não se pode ignorar a interferência direta que isso oferece ao processo de análise desses balanços. Em um exemplo hipotético, em que o edital corrobore o citado artigo 31 e aceite uma atualização, como haveria comparabilidade entre os indicadores dos diversos participantes, se alguns atualizassem seus números e outros não? É verdade que muitos editais não estão prevendo a atualização dos saldos, mas a discussão permanece e, aos olhos de um analista e dos juristas interessados na matéria, essa controvérsia precisa ter um fim definitivo.

4.4. O FLUXO DE CAIXA NÃO É ESTÁTICO, MAS SUA PROJEÇÃO É ESTÁTICA

O Fluxo de Caixa, preparado tanto de forma direta quanto indireta, apresenta a situação atual das previsões de recebimentos e pagamentos. Trata-se de mais uma demonstração contábil-financeira, porém não obrigatória no Brasil, largamente utilizada em outros países, especialmente nos Estados Unidos.

Demonstração de fluxo de caixa	Janeiro	Fevereiro	Março	Abril	Maio	Junho
Lucro Líquido do Exercício	-R$ 61.759,83	-R$ 9.983,95	R$ 861,86	R$ 22.914,02	R$ 16.100,23	R$ 29.892,17
Despesas de depreciação	R$ 20.196,19	R$ 5.770,34	R$ 5.770,34	R$ 5.770,34	R$ 5.770,34	R$ 23.081,36
Fluxo de caixa líquido operacional	-R$ 41.563,64	-R$ 4.213,61	R$ 6.632,20	R$ 28.684,36	R$ 21.870,57	R$ 52.973,53
Acréscimo ou decréscimo em contas a receber	R$ 27.228,79	R$ 2.340,10	-R$ 24.436,38	-R$ 34.312,00	R$ 37.592,00	-R$ 18.816,28
Acréscimo ou decréscimo em estoques	R$ 60.542,07	-R$ 1.124,00	-R$ 14.179,63	-R$ 6.670,51	R$ 22.573,57	R$ 599,42
Acréscimo ou decréscimo em fornecedores	-R$ 4.695,38	-R$ 15.046,91	R$ 11.950,38	R$ 15.008,66	-R$ 48.609,35	-R$ 36.697,23
Acréscimo ou decréscimo em folha de pagamento	R$ 3.518,23	R$ 2.248,30	R$ 1.195,04	R$ 1.500,87	-R$ 4.860,93	R$ 83,27
Acréscimo ou decréscimo em empréstimos	R$ 5.770,34	R$ 17.311,02	R$ 28.851,70	R$ 5.770,34	-R$ 49.047,89	R$ 2.885,17
Fluxo de caixa do capital de giro	R$ 92.364,05	R$ 5.728,50	R$ 3.381,10	-R$ 18.702,65	-R$ 42.352,60	-R$ 51.945,65
Aumento de capital	R$ 0,00	-R$ 233,78	R$ 0,00	R$ 0,00	R$ 28.851,70	R$ 28.617,92
Acréscimos ou decréscimos de empréstimos de LP	-R$ 17.311,02	-R$ 4.327,76	-R$ 4.327,76	-R$ 4.327,76	-R$ 4.327,76	-R$ 17.311,02
Acréscimos ou decréscimos de ativos fixos	-R$ 34.622,04	-R$ 4.327,76	-R$ 4.327,76	-R$ 4.327,76	-R$ 4.327,76	-R$ 17.311,02
Acréscimos ou decréscimos de outras obrigações LP	R$ 577,03	R$ 0,00	R$ 0,00	R$ 0,00	R$ 0,00	R$ 0,00
Fluxo de caixa do capital financeiro líquido	-R$ 51.356,03	-R$ 8.889,29	-R$ 8.655,51	-R$ 8.655,51	R$ 20.196,19	-R$ 6.004,12
Caixa do início do período	R$ 7.109,87	R$ 6.787,77	R$ 655,74	R$ 1.515,46	R$ 2.204,27	R$ 6.787,77
Caixa do final do período	R$ 6.787,77	R$ 655,74	R$ 1.515,46	R$ 2.204,27	R$ 1.402,94	R$ 1.402,94

QUADRO 87: Demonstração do fluxo de caixa
FONTE: Antonik 2013

A análise do Fluxo de Caixa, nesse ponto de vista, é estática, porque se atém ao momento presente, em termos de estimativas. As estimativas devem ser revistas periodicamente. Assim, o Fluxo de Caixa não é uma demonstração estática, mas sua projeção sim, pois desconhecemos as variáveis futuras que incidirão sobre ele. Isso merece um cuidado especial do analista! Apenas um período pode alterar substancialmente nossas projeções e, portanto, nossa análise. Fatores econômicos como taxas de juros ou variações cambiais; fatores globais como taxas de rating, guerras externas ou o patamar dos juros americanos; aspectos de comércio exterior como tarifas externas ou acordos comerciais com blocos econômicos são apenas alguns exemplos de variáveis incontroláveis que interferem, sumariamente, nas projeções dos analistas. Ademais, o fluxo é uma excelente ferramenta de análise. Observe a linha "Acréscimo ou decréscimo em fornecedores", perceba que a empresa está sistematicamente abrindo mão de financiamento de fornecedores, pois esta conta apresenta um resultado negativo na geração de caixa.

4.5. MODELOS PRONTOS DE ANÁLISE

Em licitações, devemos enaltecer uma visão de objetivos dada por um texto normativo, o item 7.2 da IN MARE 05/95[3], que flexibiliza a apresentação alternativa de um indicador por outro. Esse item prevê a possibilidade de uma empresa apresentar índice de liquidez geral, solvência geral ou liquidez corrente inferior a um. Nessa situação, alternativamente, considerados os riscos para a Administração e a critério da autoridade competente, dever-se-ão comprovar capital mínimo ou PL mínimo como exigência para a classificação, ou, ainda, ser solicitada uma garantia para fins de contratação. Isso é justo e aplicável, pois a flexibilidade é uma exigência do mercado, e a análise de balanços fica valorizada pelo respeito à variabilidade dos índices e pela análise conjugada de diversos fatores do processo, sem um entendimento castrado pela simples observância de um indicador isolado.

---

[3] Instrução Normativa nº 05, de 21/7/95, do Ministério de Administração Federal e Reforma do Estado - MARE, republicada no DOU de 19/4/96.

Devemos destacar, também, modelos, como o adotado pela Serasa[4] há vários anos, nos quais índices setoriais parametrizam, estatisticamente, os diversos indicadores a serem considerados no processo de análise. Lamentamos, no entanto, a falta de divulgação desses parâmetros e a dificuldade que nós, analistas, encontramos, quando solicitamos tal tipo de informação para a Serasa. A sugestão que se faz, para engrandecimento da própria Entidade e da sociedade, é a da criação de um boletim setorial ou panorâmico nacional, com os indicadores Serasa. Elogios devem ser externados a alguns jornais e revistas especializadas, que realizam análises setoriais com as maiores empresas de cada segmento e divulgam as demonstrações anuais, explicitando todos esses números.

Apenas para lembrar e como relato histórico, o estimado professor Stephen Charles Kanitz[5] idealizou, há vários anos, um modelo de indicador de solvência empresarial, que ficou conhecido como o Termômetro de Solvência de Kanitz.

Em verdade, parâmetros estatísticos pré-admitidos podem causar distorção nos processos de análise, o que ocasionou a vedação de modelos especiais no caso das licitações, como previsto desde o §5º do artigo 31 da Lei 8.666/93 (com nova redação dada pela Lei 8.883/94). Por que, então, ainda encontramos fórmulas como a CFD – Capacidade Financeira Disponível nos Editais de certas concorrências públicas? Não seria um modelo especial? Há ainda muito de moralidade a ser discutida nas licitações ocorridas em nosso país. Bem, moralidade, auditoria e corrupção podem ser objeto de outro livro, talvez.

Por enquanto, atenhamo-nos a observar as análises de balanços efetuadas e suas incoerências em certos modelos engessados, pensando, a cada dia, em como melhorar os processos e sintonizar as ideias que possam contribuir para ciência contábil e com o nosso país!

---

4 A Serasa, uma das maiores empresas do mundo em análises e informações para decisões de crédito e apoio a negócios, atua com completa cobertura nacional e internacional, por meio de acordos com as principais empresas de informações de todos os continentes. Informações podem ser encontradas no site www.serasa.com.br.

5 Stephen Charles Kanitz (1946) é consultor, professor e conferencista mestre em Administração pela Harvard Business School e bacharel em Contabilidade pela USP. Foi precursor de análise de risco e crédito com seu artigo "Como Prever Falências", na Revista Exame que ficou conhecido como o Termômetro de Kanitz. Análise de risco abriu a possibilidade de crédito a pequenos empresários e pessoas mais pobres, antes dispensada somente àqueles mais ricos da população.

4.6. A ANÁLISE DO ENDIVIDAMENTO PERMITE CALCULAR O CUSTO MÉDIO PONDERADO DE CAPITAL E, POR CONSEQUÊNCIA, O VALOR DA EMPRESA (CUSTO DA ESTRUTURA DE CAPITAIS).

O valor de uma empresa pode ser determinado por diversos modelos de avaliação. Entre eles, o mais presente é, sem dúvida, o do Fluxo de Caixa Descontado (Discounted Cash Flow). O CAPM (Capital Asset Pricing Model) apresenta o cálculo da taxa de desconto para o fluxo de caixa projetado, baseada na estrutura de capitais da entidade em estudo.

A estrutura de capitais é dividida, basicamente, em dois grandes grupos: o capital de terceiros e o capital próprio. Cada um sofre a influência de determinada taxa de remuneração (taxa de juros aplicados sobre os capitais). A composição estruturada (balanceada) desses capitais e suas respectivas taxas são conhecidas como Custo Médio Ponderado de Capital (CMPC) ou pela sigla WACC (do inglês Weighted Average Cost of Capital).

Assim, pode-se afirmar que a estrutura de financiamento de capitais da organização influencia diretamente seu valor enquanto um negócio. Isso é de fundamental importância na avaliação de empresas e negócios e possui relevância muitas vezes não percebida.

Outro dado a ser cuidadosamente considerado é o fator de risco, conhecido como β (BETA) na estrutura do CAPM. O Beta é multiplicado pelo prêmio de risco específico e pode ser calculado para cada empresa. O CAPM apresenta a fórmula para o cálculo da taxa a ser aplicada sobre o capital próprio:

Pode-se considerar, então, que o fator β é preponderante na determinação da taxa de remuneração do capital próprio. Assim como a taxa livre de risco (Rf – Risk Free[6]) é, arbitrariamente, escolhida no modelo, o cálculo do beta também sofre arbitrariedades. Isso provoca distorções no cálculo da taxa equity[7] e, como conse-

[6] As taxas livre de risco são, normalmente as taxas pagas pelos governos quando vendem seus bônus. Nos EUA a taxa risk free é a taxa do USTB (United States Treasure Bill), já no Brasil são as taxas das notas do tesouro nacional, como a SELIC. A taxa SELIC (Sistema Especial de Liquidação e de Custódia) é um índice pelo qual as taxas de juros cobradas pelos bancos no Brasil se balizam. A taxa é uma ferramenta de política monetária utilizada pelo BC para atingir a meta das taxa de juros estabelecida pelo Copom do BC.

[7] Taxa que corresponde ao custo do capital próprio (em inglês, Equity).

quência, na determinação do custo médio ponderado de capital e, por sua vez, na análise da estrutura de capitais, no cômputo do valor da empresa.

$$i_{equity} = R_f + \beta \times \text{Prêmio de Risco}$$

Figura 15: CAPM

4.6.1. O Beta de cada organização é definido de forma arbitrária, muitas vezes com a lógica grafista[8] e pode mudar a cada trimestre.

Percebe-se, no mercado financeiro e em suas instituições, que a determinação dos riscos e dos prêmios de risco é arbitrária. Isso é facilmente identificado quando se comparam os diversos betas calculados para as organizações, com indicadores obtidos de instituições financeiras diferentes. Como não há uma padronização e cada rating é parametrizado pelos analistas de cada instituição, há uma distorção na taxa.

O Índice Beta mede a sensibilidade da empresa[9], por intermédio da reação dos seus papeis (ações, debentures, etc.) relacionados com o mercado financeiro como um todo, em resumo é a variação do retorno do papel da empresa quando comparado com o mercado (por exemplo, o Ibovespa). O Beta mede o risco que um investidor está assumindo ao investir naquela companhia, em comparação com o mercado. Imagine que o Ibovespa subiu ou caiu, 10% e a ação de uma companhia listada naquela bolsa, no mesmo período, subiu ou desceu 15%. Neste caso o Beta é 1,5, ou seja, o investidor sabe que este papel "oscila", na média, 50% a mais que a

[8] Modelo de avaliação de desempenho e preço de ações por meio de gráficos representativos da evolução diária dos preços das ações na bolsa.

[9] http://ncinvestimentos.com. O período analisado foi 19/12/2008 até 16/12/2011.

bolsa como um todo (Usiminas – USIM5 = Beta de: 1,1511). Já se ação no período estudado variar 10% para mais ou para menos e o Ibovespa igualmente variar (+ ou — a mesma coisa), o Beta é neutro, ou seja, é igual a 1.

Finalmente, algumas empresas, como a Sabesp (SBSP3 = Beta 0,7246), por exemplo, independem dos humores da bolsa, ou seja, a sua variação foi de 5% para mais ou para menos, enquanto o Ibovespa variou 10% (Beta de 0,5).

Não bastasse tal situação, deve-se lembrar que o beta da empresa é, também, um indicador estático, em sua essência, pois traduz a realidade momentânea da estrutura de sua organização, baseado no desempenho passado. Assim, a projeção de betas futuros é fortemente influenciada por fatores exógenos. Pode-se utilizar uma lógica grafista para sua determinação, porém, a reavaliação dos fatores mercadológicos deve ser realizada periodicamente. É bastante óbvio que as tendências de mercado e suas variáveis mudam de comportamento a todo instante. Então, apesar da estabilidade da estrutura patrimonial (mais lenta em sua alteração estrutural), os valores do CAPM mudam significativamente a cada período, o que devemos considerar na análise estática das demonstrações.

Para fins de análise, na realidade brasileira, este tipo de avaliação é extremamente limitado, pois o número de empresas que tem o Beta medido é insignificante.

4.7. Análise Econômica, um Enfoque Estático

No mundo globalizado marcado pela superficialidade no processo de análises de capacidade de pagamento para concessão de créditos, as relações comerciais das empresas normalmente exigem garantias. Explicando melhor, como as demonstrações contábeis não são confiáveis, um banco ao emprestar dinheiro analisa todas as peças contábeis da companhia, mas ao final exige que um dos sócios seja avalista da operação, com seus bens pessoais. Elas são pagas com altos preços, representados por grandes perdas. O leitor deve levar em conta que essa regra se aplica tanto para as compras quanto para as vendas. Atente para algumas providências:

- Necessidade de receber garantias dos fornecedores, verificando a sua capacidade econômica e financeira, no cumprimento das obrigações contratadas. O fornecedor conseguirá cumprir os prazos de entrega? A qualidade contratada será mantida? Quais as chances da entrega efetivamente ser feita?

- Necessidade de assegurar que os clientes efetivamente cumprirão suas obrigações pecuniárias assumidas no instante da compra dos nossos produtos. Examinar o histórico dos clientes, dentro de uma política de crédito, observando o grau de liquidez e a capacidade de assumir obrigações. Projetar as demonstrações financeiras dos clientes e avaliar a sua capacidade para honrar compromissos financeiros no futuro.

Vários segmentos da economia, bem como a própria organização, mantêm interesse na análise econômica da empresa, cada qual por seu próprio motivo:

- O acionista está preocupado com o nível de liquidez e principalmente com a lucratividade. Tais fatores afetam diretamente o preço das ações de uma sociedade anônima, ou simplesmente reduzem a margem de lucro de um cotista de uma sociedade limitada;
- Os credores estão particularmente interessados na liquidez na forma do cumprimento das obrigações, pois desejam receber seus haveres.
- Aqueles que contratam serviços e equipamentos, especialmente os de grande valor, também atentam para a liquidez, tendo em vista que, não raras vezes, fazem adiantamentos aos seus respectivos fornecedores;
- A organização está preocupada com todos os aspectos, pois, além da sua própria avaliação, sabe que será avaliada pelos acionistas, clientes, fornecedores e pela sociedade.

Deve-se sempre considerar que a análise econômico-financeira por meio de índices desenvolve-se sobre séries temporais históricas e tem como parâmetros, principalmente:

- Os resultados da própria empresa;
- O resultado de empresas similares no porte, independentemente da atividade;

- O resultado de empresas que atuam no mesmo segmento econômico e são similares no seu porte.

A análise por meio de índices não deve ser considerada conclusiva, pois empresas com pouca ética, não raras vezes, fraudam ou alteram os dados contábeis, por isso, os bancos liberam empréstimos apenas se os índices assim concluírem, porém, como dissemos, com o aval da pessoa física do proprietário. Ademais, conforme já foi explicado, com exceção das empresas cotadas em bolsa os compradores ou fornecedores, ao examinarem as demonstrações financeiras de uma companhia, não terão nenhuma garantia quanto à acurácia, legalidade e veracidade das informações contábeis.

A análise desenvolvida por meio dos índices é estática e, por conseguinte, elaborada considerando-se como se a empresa fosse encerrada, ou ainda, por uma "fotografia" do dia em que os dados foram obtidos, muitos deles, distantes no tempo e, em consequência, não comparáveis. Como todos esses fatos não correspondem às realidades, pois, a empresa é uma entidade dinâmica, tanto quanto possível, a análise empresarial deve ser elaborada de forma também dinâmica como um instrumento complementar, calcada na comparação dos valores no tempo, olhando para o passado, analisando e decidindo no presente e projetando o futuro, sempre considerando o valor do dinheiro no tempo.

Por outro lado, a contabilidade tradicional, com os seus consagrados índices de análise da capacidade financeira da empresa, "mistura" contas contábeis com diferentes níveis de liquidez. Esse fato deve ser de pleno conhecimento do analista. Esse profissional, especialmente, deve ter grande domínio das restrições apresentadas pelos índices calculados pela contabilidade tradicional, mesmo considerando que eles são essenciais e nunca podem ser desprezados.

Não se constitui intenção dos autores atacar os índices de avaliação econômica utilizados pela contabilidade tradicional, apenas alertar o leitor sobre as restrições do seu uso indiscriminado, especialmente se dissociado de outras espécies de análise e garantias.

Outro ponto a ser explorado, muito destacado nas páginas iniciais deste livro, refere-se às questões de garantia e exatidão dos dados contábeis. Essa restrição aplica-se igualmente, independentemente do método de análise adotado, seja ele dinâmico ou estático. Infelizmente o analista não possui garantias de que os dados apresentados estejam corretos, pois nem sempre foram auditados e, muito menos, publicados regularmente. Esse fator, invariavelmente, leva o analista, especialmente aquele interessado em resultados para a concessão de crédito, à utilização de garantias como forma complementar de assegurar que os seus haveres realmente serão pagos nas datas especificadas.

Felizmente, empresas como Serasa e Equifax[10] têm prestado um enorme serviço ao comércio e indústria em geral, pois têm acumulado enormes bancos de dados, no transcorrer dos últimos anos, com as informações econômico-financeiras das empresas que habitualmente compram a crédito. Para lamento dos professores e estudiosos e também das pessoas interessadas em conhecer dados históricos das pequenas e médias empresas, tais informações são mantidas a sete chaves e ninguém tem acesso às mesmas, exceto os associados e, mesmo assim, de forma restrita. De todo modo, a questão da veracidade das informações ainda permanece, porquanto a legislação brasileira não exige auditoria sistemática para esses tipos de organizações, e as ações fiscalizatórias das entidades governamentais, como é sabido por todos, ignoram ou pouco fazem para melhorá-las ou dar-lhes maior confiabilidade.

4.8. Uso de Índices na Análise Econômico-Financeira

São inúmeros os índices ou quocientes que podem ser utilizados em uma análise econômico-financeira. Já catalogamos mais de 200 tipos diferentes, considerando aqueles derivados dos originais. No entanto, o que entendemos é que apesar da diversidade, nem todos os índices são úteis para toda a atividade organizacional. O índice de liquidez imediata, por exemplo, procurar revelar uma situação de curtíssimo prazo, ao comparar o valor disponível hoje com todo o volume de obrigações de curto prazo (vincendas até o final do próximo exercício), o que poderia ser con-

[10] Fundada em 1899 em Atlanta, Geórgia e empregando cerca de 4.900 pessoas em 14 países, com receita de mais de US$ 1,5 bilhão, a Equifax é um fornecedor mundial de informação de crédito comercial, englobando o maior banco de dados de informação de crédito de consumidores e empresas, além de um inigualável banco de dados demográficos e de estilo de vida dos consumidores, facilitando transações para os consumidores e empresas através de todo o mundo. O site da organização é www.equifax.com.br

siderado sem utilidade prática. Vamos, então, a alguns tipos de indicadores que têm uso bastante aplicável e de fácil entendimento.

4.9. MEDIDAS DE LIQUIDEZ

É a capacidade de a empresa cumprir suas obrigações no vencimento e no curto prazo. Esses tipos de índices tentam relacionar os resultados apresentados pelas contas do balanço patrimonial com o potencial de pagamento das obrigações de uma organização. Normalmente, esses índices relacionam as contas do ativo, vistas pela contabilidade como direitos; com as contas do passivo vistas como obrigações. Vale lembrar ao leitor que a análise dinâmica faz uma abordagem diferente para esse mesmo tipo de relação, mostrando ao analista as contas do ativo como aplicações de recursos e as contas do passivo como fontes de capital.

Capital Circulante Líquido

CCL = AC – PC

De todos os índices, o mais consagrado e utilizado é o do capital circulante líquido ("CCL"), ou capital de giro como é chamado. Ele mostra quanto a empresa possui de direitos de curto prazo comparado com obrigações também de curto prazo.

O CCL indica a liquidez operacional destinada a proteger os empréstimos dos credores, ajudando a avaliar o desempenho da empresa quando se considera a série temporal. Esse índice possui uma importante restrição de uso, pois o seu resultado representa a diferença entre contas que apresentam diferentes níveis de liquidez.

Define-se como Capital de Giro a parcela aplicada pela empresa no seu ciclo operacional; ou ainda, o total dos recursos demandados para financiar o ciclo operacional. Em resumo são os recursos diretamente ligados à atividade fim da organização. Esses recursos têm como características a baixa remuneração, fato comum para aplicações realizadas no circulante, e a alta divisibilidade desses ativos (grande número de itens), acarretando aporte de recursos baixos, por item. O CCL representa o valor líquido das aplicações deduzidas das dívidas de curto prazo conforme ilustra o quadro 89.

Ativo		Passivo	
Item	**Valor**	**Item**	**Valor**
Ativo Circulante	R$ 2.000	Passivo circulante	R$ 1.500
		Passivo não Circulante	R$ 1.500
Ativo não circulante	R$ 4.000	Patrimônio Líquido	R$ 3.000
Total do Ativo	R$ 6.000	Total do Passivo	R$ 6.000

Quadro 88: **Capital circulante líquido – Ativo Circulante (-) Passivo Circulante**

O cálculo do Capital Circulante Líquido é simples, basta subtrair o Ativo Circulante do Passivo Circulante de acordo com o quadro 89; temos:

Ativo		Passivo	
Total do Ativo Circulante	R$ 2.000	Total do Passivo Circulante	R$ 1.500
CCL= R$ 500 (R$ 2000 - R$ 1500)			R$ 500

Quadro 89: **Capital circulante líquido – Ativo Circulante (-) Passivo Circulante**

O nível de CCL deve variar de uma empresa para outra, como também pelo porte e o segmento, entretanto estão intimamente ligados à previsibilidade dos fluxos de caixa, a exemplo das empresas de água, saneamento, luz, telefone e cimento. Essas empresas possuem um padrão previsível de caixa e podem trabalhar com pouco ou nenhum CCL.

Já no ramo industrial, em que praticamente não há previsibilidade no fluxo de caixa, é necessário manter um nível de recebimentos superior aos desembolsos.

Ativo Circulante	Valor	Passivo circulante	Valor
Caixa	R$ 300	Duplicatas a pagar	R$ 600
Títulos negociáveis	R$ 200	Títulos a pagar	R$ 700
Duplicatas a receber	R$ 500	Salários a pagar	R$ 200
Estoques	R$ 1.000		
Total do Ativo Circulante	R$ 2.000	Total do Passivo Circulante	R$ 1.500

QUADRO 90: Capital circulante

O Índice de Liquidez Corrente é espetacularmente utilizado na prática de avaliação de situação financeira de empresas e consta de todos os manuais que ensinam o orientam sobre o assunto, isso se explica pela facilidade de obtenção dos dados e também pela padronização da informação, já que não há discussão dos filósofos da contabilidade sobre a composição das contas do circulante.

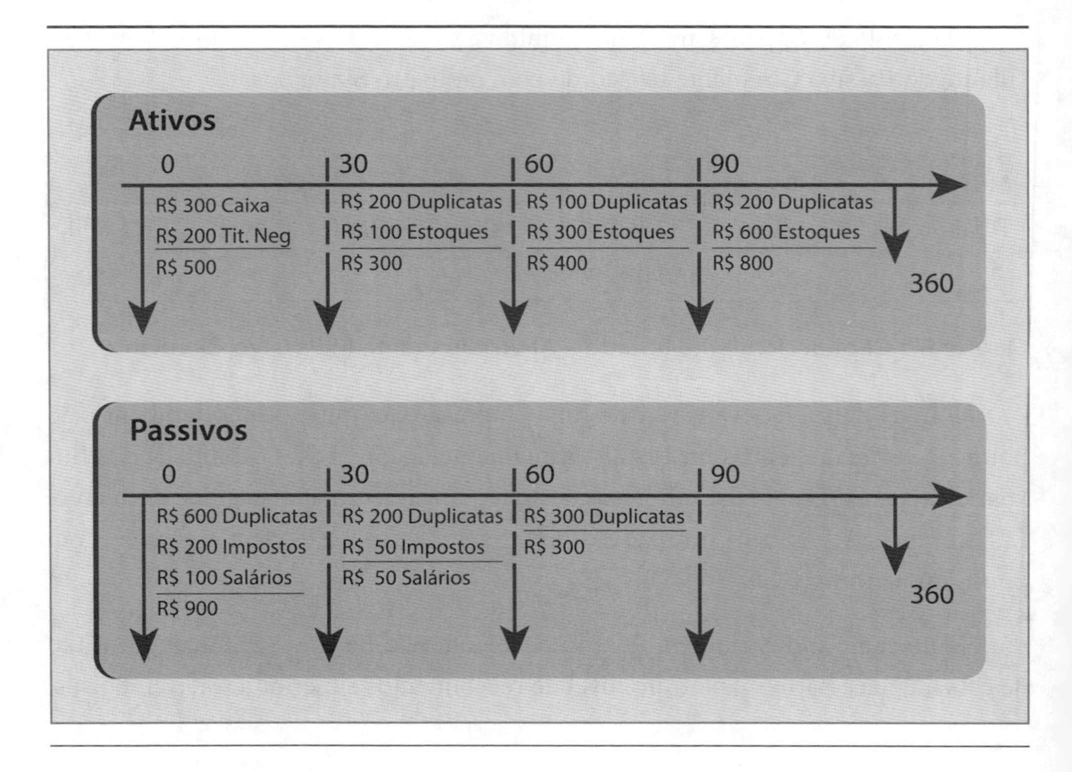

FIGURA 16: Prazos de realização das contas

Ativo		Passivo	
Total do Ativo Circulante	R$ 2.000	Total do Passivo Circulante	R$ 1.500
Índice de Liquidez Corrente = 1,33 (R$ 2.000 / R$ 1.500)			1,3333333

Quadro 91: Índice de Liquidez Corrente

Nesse exemplo, embora os Ativos superem numericamente os passivos, é necessário dar liquidez aos ativos, transformando-os em caixa, uma forte restrição ao seu uso indiscriminado. O exemplo mostra que para cada R$ 1,00 de dívida a empresa possuiu R$ 1,33 de recursos. Mas, é preciso lembrar que a situação exata de liquidez somente será dada observando-se os valores no tempo. A Contabilidade pode auxiliar bastante com a correção integral das contas, ou seja, colocando todos os valores no mesmo instante de tempo:

- O Capital Circulante Líquido também pode ser definido como a parte do Ativo Circulante que a empresa financia com recursos de Longo Prazo. Partindo do conceito financeiro de que os valores do Passivo são captações de recursos, o exemplo do quadro 90 mostra que as aplicações de R$ 2.000 do circulante não estão totalmente cobertas por recursos de curto prazo, pois o Passivo Circulante contabiliza valores no total de R$ 1.500. A diferença de R$ 500, está sendo coberta por recursos do Passivo não Circulante ou do Patrimônio Líquido.

Ativo		Passivo	
Total do Ativo Circulante	R$ 2.000	Total do Passivo Circulante	R$ 1.500
CCL= R$ 500 (R$ 2000 – R$ 1500)			R$ 500

Quadro 89: Capital circulante líquido – Ativo Circulante (-) Passivo Circulante

Alguns pontos importantes podem ser ressaltados:

- Quanto mais Capital Circulante Líquido (CCL) menor o risco financeiro oferecido pela empresa;

- A empresa ganha mais aplicando recursos no Imobilizado que no Circulante; esses ativos são reconhecidos pela baixa remuneração;

- A forma mais barata de financiamento empresarial é o Passivo Circulante, especialmente fornecedores, impostos e salários.

Esta última afirmação pode parecer fora de lógica no Brasil, porque, no início dos anos 1990, as empresas especulavam com estoques e caixa, algumas chegavam a ganhar mais no mercado financeiro que nas suas operações. No entanto, quanto maior for o prazo, maior é o risco e, dessa forma, recursos de longo prazo devem custar mais caro.

Na medida em que o Capital Circulante Líquido (CCL) aumenta, a rentabilidade diminui (circulante rende menos que não circulante) e, consequentemente, o seu risco (Ativo / Passivo). Vejamos um exemplo:

Ativo		Passivo	
Item	Valor	Item	Valor
Ativo Circulante	R$ 2.000	Passivo circulante	R$ 1.500
Ativo não circulante	R$ 4.000	Passivo não Circulante	R$ 1.500
		Patrimônio Líquido	R$ 3.000
Total do Ativo	R$ 6.000	Total do Passivo	R$ 6.000

QUADRO 92: Balanço Patrimonial

Se a empresa remunera seu Circulante a 1% e o não Circulante a 20%, tem-se a seguinte posição de rentabilidade e risco, apontada pelo quadro 93:

Lucro = R$ 820 (1% de R$ 2.000 + 20% de R$ 4.000)	R$ 820
CCL = R$ 500 (R$ 2.000 - R$ 1.500)	R$ 500
Índice AC/AT = 0.33 (R$ 2.000/ R$ 6.000)	0,33
Índice AC/PC = 1.33 (R$ 2.000/R$ 1.500)	1,33

Quadro 93: Simulação de resultado

Entretanto se a companhia optar por aumentar o risco e por consequência a rentabilidade, investindo + R$ 300 em ativo não circulante, com redução no ativo circulante, a configuração de risco e lucratividade tem alteração. Perceba no quadro 94 que o Ativo Circulante foi reduzido em R$ 300, totalizando agora R$ 1.700.

Ativo		Passivo	
Item	Valor	Item	Valor
Ativo Circulante	R$ 1.700	Passivo circulante	R$ 1.500
		Passivo não Circulante	R$ 1.500
Ativo não circulante	R$ 4.300	Patrimônio Líquido	R$ 3.000
Total do Ativo	R$ 6.000	Total do Passivo	R$ 6.000

Quadro 94: Simulação de resultado

Aplicando-se os mesmos formatos do quadro 93 é possível perceber que os indicadores foram alterados, o risco aumentou, pois a Liquidez Corrente passou de 1,33 para 1,13, mas a lucratividade melhorou.

Lucro = R$ 877 (1% de R$ 1700 + 20% de R$ 4.300)	R$ 877
CCL = R$ 200 (R$ 1.700 – R$ 1.500)	R$ 200
Índice AC/AT = 0,283 (R$ 1.700 / R$ 6.000)	0,28
Índice AC/PC = 1,133 (R$ 1.700 / R$ 1.500)	1,13

Quadro 95: Simulação de resultado

O índice de liquidez foi reduzido de 1,33, ou seja, a empresa tinha 1,33 em ativos de curto prazo, contra 1,00 de passivos de curto prazo, passando para 1,13, reduziu-se a liquidez, portanto. Por outro lado, a rentabilidade aumentou. Esse exemplo é clássico em finanças e ilustra: mais risco, mais lucro. As restrições de uso desse importante e difundido índice exigem imensa cautela na tomada de decisão, especialmente se o objeto da análise for a concessão de crédito.

Empresa	Índice de Liquidez Corrente		
	AC/PC		
	X4	X3	X2
EMPRESA M7	1,391	1,411	1,110
EMPRESA M8	1,609	1,315	1,370
EMPRESA M9	1,075	1,128	1,156

Quadro 96: Índice de Liquidez Corrente

O quadro 97, com dados reais de grandes empresas nacionais, foi composto com informações do site especializado Economática. Para exemplificar, o quadro 96 mostra que pelo critério do Índice de Liquidez Corrente, a empresa possuidora das melhores condições de pagar suas dívidas de curto prazo é a Empresa M8, por considerar que esta possui R$ 1,609 de bens e direitos de curto prazo para cada parcela de R$ 1,00 em obrigações também de curto prazo. Entretanto, uma análise mais detalhada mostra que o índice em si não mostra a melhor situação.

O quadro 97 apresenta mais detalhes da situação de financiamento das empresas, alterando, de forma radical, a interpretação do indicador de liquidez, pois, embora a Empresa M8 apresente o melhor resultado de liquidez, a qualidade dos ativos da Empresa M7 é insuperavelmente maior, já que a metade do seu ativo circulante é formada por recursos de caixa, ou seja, moeda ou quase moeda (R$ 5,472 bilhões).

Adicionalmente, uma expressiva parcela do circulante da Empresa M7 é formada por contas a receber (R$ 3,63 bilhões). Para detalhar mais a análise e mostrar a utilidade dos índices, vamos abordar os principais indicadores de análise financeira da contabilidade tradicional.

4.9.1. Índice de Liquidez Imediata

Índice de Liquidez Imediata (ILI) = Disponível / Passivo Circulante

O Índice de Liquidez Imediata mostra a capacidade de liquidez da empresa de curtíssimo prazo, ou seja, qual a capacidade "imediata" de cobertura do Passivo Circulante com as disponibilidades (quadro 98).

Alguns críticos desaconselham a observação ao índice de liquidez imediata, por comparar duas variáveis distintas. O grupo do disponível, dentro do Ativo Circulante, agrega as contas de Caixa, Bancos e Aplicações Financeiras de curto prazo. Assim, representa os valores de curtíssimo prazo, com giro imediato. O Passivo Circulante, por sua vez, inclui todas as obrigações de curto prazo, envolvendo aquelas que têm vencimento até o término do exercício seguinte (ano seguinte), inclusive as provisões.

	CONTA	X4	X3	X2	CONTA	X4	X3	X2
EMPRESA M9	Caixa e Equivalentes	R$ 1.106	R$ 982	R$ 1.135	Fornecedores	R$ 1.546	R$ 1.190	R$ 1.410
	Contas a Receber	R$ 498	R$ 604	R$ 1.088	Impostos	R$ 55	R$ 54	R$ 36
	Estoques	R$ 1.090	R$ 944	R$ 981	Empréstimos	R$ 1.235	R$ 1.327	R$ 1.486
	Outros	R$ 798	R$ 691	R$ 529	Outros	R$ 413	R$ 284	R$ 298
	Ativo Circulante	R$ 3.491	R$ 3.220	R$ 3.733	Passivo Circulante	R$ 3.248	R$ 2.854	R$ 3.229
	Realizável LP	R$ 1.173	R$ 838	R$ 668	Passivo Não Circulante	R$ 2.772	R$ 2.318	R$ 2.367
	Imobilizado	R$ 5.758	R$ 4.882	R$ 4.787	Patrimônio Líquido	R$ 4.051	R$ 3.768	R$ 3.592
	Ativo Total	R$ 10.422	R$ 8.940	R$ 9.188	Passivo Total	R$ 10.423	R$ 8.940	R$ 9.188
EMPRESA M8	**Caixa e Equivalentes**	**R$ 1.183**	**R$ 1.090**	**R$ 1.067**	**Fornecedores**	**R$ 188**	**R$ 193**	**R$ 147**
	Contas a Receber	R$ 386	R$ 359	R$ 299	Impostos	R$ 279	R$ 275	R$ 231
	Estoques	R$ 635	R$ 493	R$ 523	Empréstimos	R$ 403	R$ 476	R$ 455
	Outros	R$ 125	R$ 132	R$ 80	Outros	R$ 578	R$ 633	R$ 605
	Realizável LP	R$ 361	R$ 359	R$ 269	Passivo Não Circulante	R$ 279	R$ 24	R$ 29
	Imobilizado	R$ 652	R$ 705	R$ 731	Patrimônio Líquido	R$ 1.616	R$ 1.537	R$ 1.502

(continua)

(continuação)

	CONTA	X4	X3	X2	CONTA	X4	X3	X2
EMPRESA M8	Ativo Total	R$ 3.343	R$ 3.137	R$ 2.969	Passivo Total	R$ 3.343	R$ 3.137	R$ 2.969
EMPRESA M7	**Caixa e Equivalentes**	**R$ 5.472**	**R$ 4.326**	**R$ 1.513**	**Fornecedores**	**R$ 1.853**	**R$ 1.903**	**R$ 1.633**
	Contas a Receber	R$ 3.630	R$ 3.635	R$ 2.640	Impostos	R$ 1.169	R$ 705	R$ 765
	Estoques	R$ 232	R$ 137	R$ 109	Empréstimos	R$ 3.041	R$ 2.646	R$ 1.748
	Outros	R$ 1.778	R$ 1.628	R$ 1.741	Outros	R$ 1.926	R$ 1.640	R$ 1.261
	Ativo Circulante	R$ 11.112	R$ 9.725	R$ 6.002	Passivo Circulante	R$ 7.989	R$ 6.894	R$ 5.407
	Realizável LP	R$ 2.662	R$ 2.510	R$ 2.362	Passivo Não Circulante	R$ 11.470	R$ 11.658	R$ 10.836
	Imobilizado	R$ 15.538	R$ 16.869	R$ 19.034	Patrimônio Líquido	R$ 7.963	R$ 8.545	R$ 9.121
	Ativo Total	R$ 29.312	R$ 29.104	R$ 27.398	Passivo Total	R$ 29.313	R$ 29.104	R$ 27.398

QUADRO 97: Balanço resumido comparativo

Empresa	Índice de Liquidez Imediata		
	Disponível / PC		
	X4	X3	X2
EMPRESA M7	0,685	0,628	0,280
EMPRESA M8	0,817	0,692	0,743
EMPRESA M9	0,341	0,344	0,352

QUADRO 98: Índice de Liquidez Imediata

Desse modo, pergunta-se: de que adianta sabermos quanto temos disponível na data de hoje para pagar as contas que vencerão até o final do próximo ano? Certamente pode ajudar, mas não é um dos melhores indicadores na análise.

4.9.2. Índice de Liquidez Corrente

> Índice de Liquidez Corrente (ILC) = Ativo Circulante / Passivo Circulante

O ILC mostra a capacidade de liquidez ou pagamento da empresa. Um índice 2,0 indica que, mesmo reduzindo seus ativos circulantes em 50%, a empresa ainda poderá pagar seus passivos circulantes. Quando o índice for igual a 1,0 o CCL da empresa será igual a zero.

Empresas com fluxos de caixa constantes ou previsíveis (companhias de energia elétrica, luz, gás, telefone, petróleo) convivem com um CCL abaixo de 1,0. Entretanto como poucos têm esta benesse, qualquer tipo de análise deverá equalizar os ativos e passivos de forma a torná-los iguais no tempo, de acordo com o exemplo da figura 17.

A situação exata de liquidez será dada observando-se os valores no tempo. A análise deve realizar-se sobre séries temporais. Genericamente, pode-se afirmar que "quanto maior, melhor". Porém, devem sempre ser observados os prazos de realização dos ativos e de vencimento das obrigações. Senão, vejamos: uma empresa possui R$ 200.000 de ativos circulantes e apenas R$ 100.000 de passivos circulantes. Seu índice de liquidez corrente seria de 2,0 (R$ 200.000 / R$ 100.000) o que, genericamente, parece ser bom. Vamos simplificar e entender que o valor do ativo fosse composto apenas por recebimentos futuros (contas a receber) e o valor do passivo fosse apenas contas a pagar, generalizadamente. Analisando seu fluxo de caixa, no entanto, percebemos que a rotatividade de recebimentos faz com que o prazo médio de realização seja de 60 dias. Vamos receber, em média, daqui a 60 dias. E, ainda, imagine que os vencimentos do passivo estejam em média compondo uma carteira de 30 ou 40 dias. Caso não tenhamos outras fontes, teremos o que denominados de descompasso no fluxo de caixa. Apesar de um índice de liquidez de 2,0 (muito superior a 1,0 que é nosso parâmetro base), a empresa ainda apresenta dificuldades de liquidez (capacidade de pagamento).

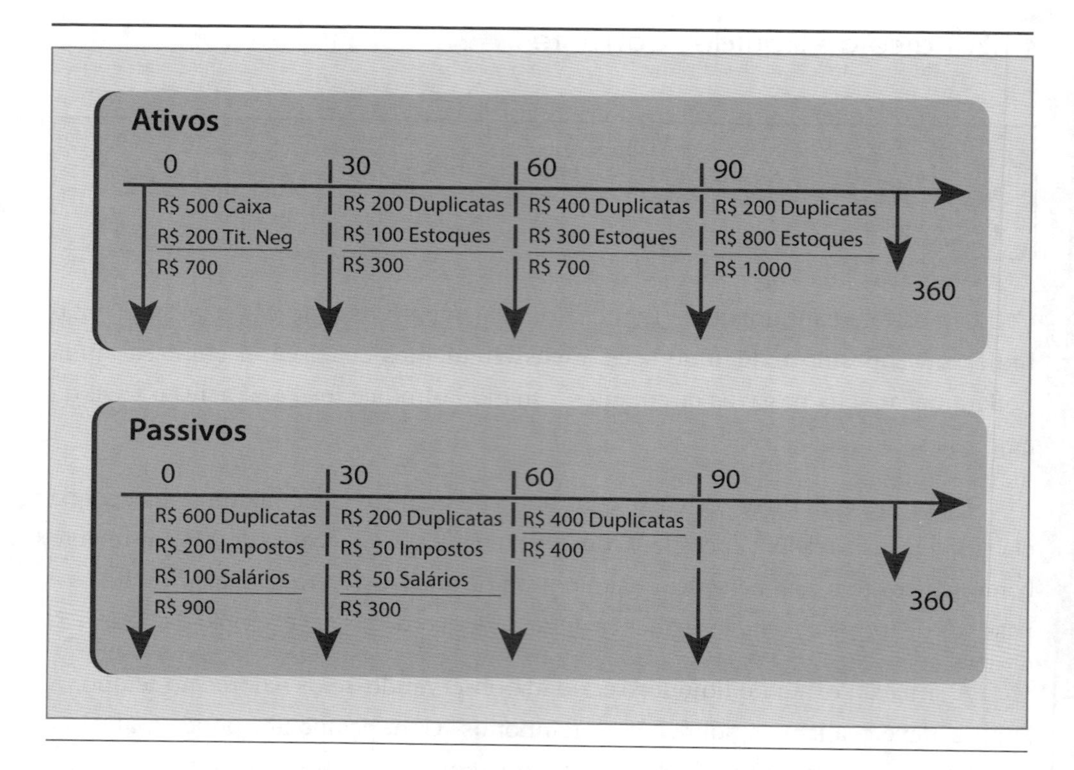

FIGURA 17: Prazos de realização das contas – CCL

4.9.3. Índice de Liquidez Seco

Índice de Liquidez Seco (ILS) = (Ativo Circulante – Estoques) / Passivo Circulante

Supõe-se que os estoques (E) sejam ativos menos líquidos e devem ser excluídos das análises. Transformar um estoque em dinheiro não é tarefa trivial; basicamente existem três tipos de estoques: matéria-prima, produto em processo e produto acabado. Os materiais se deterioram e sofrem obsolescência no estoque de matéria-prima perdem-se e se desgastam durante o processo produtivo e, quando acabados, precisam ser vendidos e recebidos. Isto, por si só, reduz drasticamente o valor do estoque quando pensamos em termos de "fazer caixa".

Em qualquer caso, devem-se examinar as séries temporais para verificar o grau de liquidez deste item contábil.

Na fórmula do indicador, entende-se o objetivo analisar comparativamente o ativo e o passivo circulantes (curto prazo), analisando a capacidade de pagamento da empresa (de forma genérica), conforme representado no quadro 99. Aqui, no entanto, retira-se do ativo o volume dos estoques. Assim, a comparação do índice de liquidez corrente com o índice de liquidez seco, permite o entendimento da dependência da empresa em relação à venda de seus estoques, de modo a poder cumprir com seus compromissos de curto prazo. Vejamos um exemplo, os dados do quadro 99 mostram um Ativo Circulante na ordem de R$ 100.000 e um Passivo Circulante de R$ 80.000. Sua liquidez corrente é de 1,25.

Ativo Circulante	
Caixa e Bancos	R$10.000
Contas a receber	R$28.000
Estoques	R$50.000
Outras contas	R$12.000
Total	R$100.000

QUADRO 99: Ativo Circulante

Nossa empresa em estudo teria, então, um Índice de Liquidez Seco de 0,625, o que representa possuir R$ 0,63 (centavos) para R$ 1,00 de dívida no curto prazo, pois subtraímos o valor de R$ 50.000, relativo aos estoques para encontrar o índice ((R$100.000 - R$50.000) / R$80.000). Neste exemplo, a empresa depende da venda de seus estoques para cumprir com seus compromissos financeiros de curto prazo, o que não é bom.

Entretanto, a maior crítica realizada pelos analistas sobre esse tipo de indicador é a sua simplicidade a qual, não revela em essência, a capacidade de pagamento da organização. Somente um exame detalhado do fluxo de caixa, do ciclo financeiro e do ciclo operacional poderia permitir um real entendimento da capacidade de pagamento da companhia. Isso, na prática, é feito apenas de forma gerencial, para uso da gestão financeira da organização. Editais de licitações e análises para concessão de crédito parecem ignorar tal realidade.

Empresa	Índice de Liquidez Seca (AC-E)/PC		
	X4	X3	X2
EMPRESA M7	1,362	1,391	1,090
EMPRESA M8	1,171	1,003	1,006
EMPRESA M9	0,739	0,797	0,852

Quadro 100: Índice de Liquidez Seca (ou Liquidez "a seco")

Índice de Liquidez Geral

Índice de Liquidez Geral (ILG) = (Ativo Circulante + Realizável a Longo Prazo) / (Passivo Circulante + Passivo não Circulante)

Ao contrário do Índice de Liquidez Imediata, esse índice mede a liquidez geral da empresa, por meio da comparação da capacidade de cobertura das exigibilidades totais (de curto e longo prazo), utilizando-se dos ativos circulantes e dos valores realizáveis a longo prazo, conforme quadro 97.

Do mesmo modo que o anterior, genericamente entende-se que quanto maior o índice, melhor. Isso se dá de forma genérica, entendendo-se sempre que, quanto mais temos a receber, comparando-se com o que devemos pagar, melhor. No entanto, reforçamos a necessidade de uma visão mais detalhada da composição de tal indicador, evitando prejuízos na revelação de informações dadas mediante dados brutos não analisados, o que pode estar incorreto.

O Índice de Liquidez Geral apresenta a divisão de todo o ativo circulante e realizável a longo prazo (desconsiderando apenas o ativo imobilizado), em comparação com o total de dívidas (de curto e longo prazo), representadas pelo capital de terceiros (passivo circulante e passivo não circulante).

A comparação do índice de liquidez corrente com o de longo prazo pode revelar uma tendência da situação financeira da empresa. Imagine uma companhia com índices de liquidez corrente e geral conforme mostrados no quadro 101:

Índice	Ano 1	Ano 2	Ano 3	Ano 4
ILC	1,2	1,2	1,2	1,2
ILG	1,6	1,4	1,2	0,8

Quadro 101: Índices de Liquidez Geral

Apesar da estabilidade da liquidez corrente ser boa, é possível perceber que a política financeira da empresa apresenta uma tendência problemática. Veja que o índice de liquidez geral vem caindo, sistematicamente, nos últimos anos. Caso permaneça a tendência, isso pode representar um problema financeiro no futuro. Talvez a empresa esteja sacrificando o futuro para manter a estabilidade do presente. Será isso bom? Apenas uma análise mais detalhada de sua política financeira pode revelar o que está "por trás" do resultado apresentado no quadro 101. Como alguns dizem: "os números não mentem jamais".

A análise dos quadros acima, com resultados reais da Empresa M8, Empresa M9 e Empresa M7[11], poderia levar o leitor menos avisado a entender que os resultados da Empresa M9 são piores que os da Empresa M7 e da Empresa M8, o que não é verdade. A Empresa M9 é uma empresa administrada dentro da mais rigorosa técnica, com resultados operacionais excepcionais, líder de mercado no seu segmento, competindo com empresas multinacionais poderosíssimas. Ocorre que a comparação de resultados só pode ser realizada com empresas que atuam dentro do mesmo segmento, fato que não acontece com os exemplos acima. Para ilustrar essa ideia, o leitor deve considerar que a vida dos executivos da Empresa M7 é muito mais

[11] Embora sejam empresas de capital aberto com ações na bolsa, omitimos os nomes das empresas com a finalidade de evitar especulações.

fácil, pois a companhia, um modelo de competência e boa administração, atua no segmento como líder absoluto e inconteste e possui um market share[12] de 80%.

Empresa	Índice de Liquidez Geral ILG = (AC+RLP) / PE		
	X4	X3	X2
EMPRESA M7	0,708	0,659	0,515
EMPRESA M8	1,558	1,520	1,526
EMPRESA M9	0,775	0,785	0,786

QUADRO 102: Índices de Liquidez Geral

Já a Empresa M8, privatizada em 1998, era originalmente constituída por empresas regionais, com culturas e gestões diversas, um negócio totalmente desacreditado naquela época, com todos os fatores para dar errado. Mas, melhorou a administração, consolidando-se como uma empresa única e homogênea, conseguindo, assim, manter as características monopolistas das organizações que lhe deram origem, crescendo e gerando lucro, embora nestes últimos anos tenha enfrentado problemas de gestão, principalmente por conta de desacordos com sócios.

Resumidamente, cada qual tem sua história de sucesso ou dilema. Temos três empresas: uma de prestação de serviços, outra no segmento de supermercados e uma terceira atuando na área industrial, que não devem ser comparadas entre si. A comparação deve realizar-se com base em séries históricas e com empresas que atuam no mesmo segmento e, mesmo assim, é necessário considerar o porte das mesmas.

[12] Market Share: termo inglês que define a cota ou parcela de mercado de um dos competidores do segmento.

4.10. Índice de Solvência Geral

Índice de Solvência Geral (ISG) = Ativo Total / Passivo não Circulante

A exemplo do ILG, o Índice de Liquidez Geral mede a liquidez total da empresa, por meio da comparação da capacidade de cobertura das exigibilidades totais (circulantes e longo prazo), utilizando-se dos ativos totais.

O Índice de Liquidez Geral serve para o entendimento de situações de descontinuidade empresarial. Caso realizássemos todos os ativos (AT – Ativo Total), até que ponto conseguiríamos saldar todo o Passivo não Circulante (PnC)? A resposta deve estar revelada no comportamento do Patrimônio Líquido que, no entanto, não aparece no indicador. Caso o ISG seja menor do que 1,0 (volume de ativos menor do que o de obrigações), o Patrimônio Líquido estará negativo, sendo denominado de "passivo a descoberto".

Existem outros indicadores de solvência, como o próprio grupo do Patrimônio Líquido, mas o ISG revela, comparando-se com outros indicadores, as tendências de solvência geral, em caso de descontinuidade operacional, conforme mostra o quadro 103.

Empresa	Índice de Solvência Geral		
	ISG = AT / PE		
	X4	X3	X2
EMPRESA M7	1,506	1,569	1,687
EMPRESA M8	1,936	1,961	2,025
EMPRESA M9	1,731	1,729	1,642

Quadro 103: Índices de Solvência Geral

4.11. GRAU DE IMOBILIZAÇÃO

Grau de Imobilização (GI) = (Ativo Imobilizado − Passivo não Circulante) / Patrimônio Líquido

Este indicador mostra quanto, em percentual (%), quanto dos recursos próprios, ou seja, do patrimônio Líquido está financiando o Imobilizado, ou seja, retira-se do Ativo Imobilizado a parcela de capitais de terceiros de longo prazo (Passivo não Circulante). Assim, temos a proporção do Imobilizado que é financiada com recursos próprios e, por complemento aritmético, quanto em % está financiando o giro (quadro 104). Vamos exemplificar com um pequeno Balanço Patrimonial.

Ativo		**Passivo**	
Ativo Circulante	R$140.000	Passivo Circulante	R$20.000
		Passivo não Circulante	R$80.000
Ativo Imobilizado	R$160.000	Patrimônio Líquido	R$200.000
Total do Ativo	R$300.000	Total do Passivo	R$300.000

QUADRO 104: **Balanço patrimonial**

Calculando-se o GI, temos: GI = ((R$160.000 – R$80.000) / R$100.000) = 0,40 ou 40%

Observe ainda que isso é uma generalização, pois existe um pressuposto em contabilidade de que os itens de circulante são efetivamente empregados no giro do negócio, apenas.

Caso considerado o passivo não circulante como capital de giro de longo prazo, financiando ainda o circulante, a história muda. Sendo assim, deve-se perceber que, do volume de capital próprio (Patrimônio Líquido de R$200.000), a parcela de R$160.000 está "engessada" no Ativo Imobilizado, sendo o Capital Circulante Próprio de apenas R$40.000 (R$200.000 – R$160.000). Esse é um indicador bastante utilizado para a análise dos indicadores estáticos.

Há, porém, uma série de críticas em relação a sua aplicação prática, sendo a principal delas a de que jamais se deve analisar um indicador isoladamente. A análise em conjunto, comparando seus resultados com outros indicadores e outras análises, como a dinâmica, concede maior segurança e embasamento para a tomada de decisões e para os julgamentos realizados sobre os números extraídos da contabilidade.

Empresa	Grau de Imobilização		
	GI = (AP - ELP) / PL		
	X4	X3	X2
EMPRESA M7	0,511	0,610	0,899
EMPRESA M8	0,231	0,443	0,467
EMPRESA M9	0,737	0,680	0,674

QUADRO 105: Grau de Imobilização

4.12. MEDIDAS DE ATIVIDADES

As medidas de atividades são indicadores operacionais usados para medir a velocidade de transformação das vendas em caixa, seus ciclos de pagamentos e a gestão dos estoques, dentro outros. Os dados são analisados em forma de séries históricas, que permitem a elaboração de gráficos, assim, por meio de uma análise "grafista" pode-se verificar tendências e projetar situações futuras.

Tais medidas são, efetivamente, indicadores mais precisos da rotatividade das componentes patrimoniais que interessam à gestão financeira.

É preocupante encontrarmos organizações cujos empresários não possuem conhecimento efetivo de tais índices de rotação. O desconhecimento dos índices de giro de estoques, do prazo médio de cobrança, do giro do ativo e dos indicadores de endividamento pode levar a empresa ao colapso financeiro. As tendências de tais indicadores permitem uma readequação das políticas adotadas, permitindo a segurança na continuidade dos negócios.

Os indicadores de atividade são poderosas ferramentas de controle gerencial. As empresas com administração mais organizada utilizam esses indicadores como forma de avaliação do desempenho dos gerentes, principalmente para calcular a parcela de remuneração variável de seus executivos. O Balanço Patrimonial do quadro 67, reclassificado para o modelo dinâmico, mostra que a empresa apresenta um saldo de estoques no valor de R$ 4,850 milhões, distribuídos entre três tipos diferentes: Matérias-Primas (R$ 1,400 milhões), Produtos em Processo (R$ 1,080 milhão) e Produtos Acabados (R$ 2,370 milhões).

Balanço Patrimonial - Valores Correntes de 31/12/X3 (milhões de Reais)			
Ativo	**Valor**	**Passivo**	**Valor**
Caixa	R$ 1.610	Empréstimos Bancários	R$ 3.200
Bancos	R$ 2.680	Duplicatas Descontadas	R$ 2.150
Ativo Financeiro Curto Prazo	R$ 4.290	Passivo Financeiro Curto Prazo	R$ 5.350
Empréstimos à Controladas	R$ 2.000	Debêntures	R$ 16.100
Ativo Financeiro Longo Prazo	R$ 2.000	Passivo Financeiro Longo Prazo	R$ 16.100
Ativo Financeiro	R$ 6.290	Passivo Financeiro	R$ 21.450
Duplicatas a Receber	R$ 11.340	Fornecedores	R$ 6.720
(-) PDD	-R$ 270	Salários e Encargos Sociais	R$ 700
Estoques	R$ 4.850	Impostos	R$ 1.160
Matéria-Prima	R$ 1.400	Passivo Operacional Curto Prazo	R$ 8.580
Produtos em Processo	R$ 1.080		
Produtos Acabados	R$ 2.370		
Ativo Operacional Curto Prazo	R$ 15.920		
Duplicatas a Receber	R$ 4.590	Impostos	R$ 2.100

Ativo Operacional Longo Prazo	R$ 4.590	Passivo Operacional Longo Prazo	R$ 2.100
Ativo Operacional	R$ 20.510	Passivo Operacional	R$ 10.680
Ativo Permanente	R$ 26.800	Patrimônio Líquido	R$ 21.470
Total do Ativo	R$ 53.600	Total do Passivo	R$ 53.600

Quadro 67: **Balanço detalhado, reclassificado para o modelo dinâmico**

Executando-se os cálculos, da mesma forma como fizemos anteriormente no capítulo dedicado à análise dinâmica, percebe-se que cada um dos estoques possui uma "rotação" anual diferente, mas que, no total, correspondem a um giro de estoque a cada 95 dias (PMM, 43 dias, PMP 16 dias e PMA 36 dias), conforme evidenciado a seguir.

Prazo Médio de Estocagem das Matérias-primas – PMM

PMM = (Estoque de Matérias-primas / Consumo de MP) x 360

PMM = (R$ 1.400 / R$ 11.790) x 360 = 43 dias

Prazo Médio de Fabricação ou de Produtos em Processo – PMP

PMP = (Estoque de Produtos em Processo / CPV) x 360

PMP = (R$ 1.080 / R$ 24.000) x 360 = 16 dias

Prazo Médio de Vendas ou de Produtos Acabados – PMA

PMA = (Estoque de Produtos Acabados / CPV) x 360

PMA = (R$ 2.370 / R$ 24.000) x 360 = 36 dias

Prazo médio dos vários estoques = PMM + PMP + PMA

Prazo médio dos vários estoques = 43 dias + 16 dias + 36 dias

Prazo médio dos vários estoques = 95 dias

É de conhecimento geral dos administradores que a manutenção de estoque representa inúmeras perdas para a empresa: obsolescência, custo de capital, perda, roubo e custos operacionais de mantê-los. Seria desejável reduzir o prazo médio para o mínimo possível. Evidentemente que isso deve acontecer desde que não afete as operações e as vendas. O quadro 106 mostra que os estoques da empresa, quando observada a série histórica, têm-se mantido teimosamente iguais com o passar dos meses, exceto quanto ao estoque de produtos em processo, cujo desempenho tem se deteriorado sistematicamente, no espaço julho / dezembro ele aumentou 33,3%. Precisamos de uma boa razão para justificar tal alta.

Tipo de Estoque	Julho	Agosto	Setembro	Outubro	Novembro	Dezembro	Variação julho a dezembro
Matéria-prima	40	43	41	45	43	43	7,5%
Produtos em processo	12	13	14	15	16	16	33,3%
Produtos acabados	38	37	36	38	39	36	-5,3%

QUADRO 106: **Prazo médio de estocagem (em dias)**

Ora, o acompanhamento constante, especialmente o mensal, revela a oportunidade de negociar uma meta desafiadora ligada à sua parcela de remuneração variável com os gerentes responsáveis por esses tipos de estoque. Estudos mostram que uma redução de 15% nos estoques não deveria trazer prejuízos significativos para a produção e a venda. Assim, o administrador geral propôs ao gerente envolvido, responsável pelos vários estoques, que se essa marca fosse alcançada até o final do próximo exercício, ele receberia três remunerações extras; se a redução fosse de 10%, ele receberia uma remuneração extra e, se os estoques se mantivessem nos mesmos níveis atuais ele (....). Bem, deixemos esse assunto para depois.

Imagine o leitor que a remuneração média desse executivo seja R$ 20 mil por mês. Isso equivaleria a dizer que a empresa teria gasto extra de R$ 60 mil reais. Sendo o valor do estoque de R$ 4,850 milhões, uma redução de 15% implica desinvestir R$ 728 mil (R$ 4,850 x 0,15). Ora, com um custo real do dinheiro de 10%, isso equivale a dizer que a empresa teria gastos de R$ 60 mil para economizar R$ 72,8 mil (R$ 728 mil x 0,10), isso tudo sem considerar que o benefício em tese, seria para sempre, com o prêmio para o gerente apenas uma vez. O exemplo ilustra apenas o custo financeiro, mas o leitor está ciente que manter estoques implica em incorrer numa série enorme de outros custos.

O raciocínio desenvolvido para os estoques pode ser aplicado para todas as contas do ativo e do passivo, tais como financiamentos recebidos de fornecedores, duplicatas a receber, dentre outras. Esses índices não necessariamente devem seguir a mesma forma de cálculo desenvolvida neste capítulo. A empresa poderia calcular os valores utilizando-se de outros critérios. O mais importante é desenvolver e aplicar esse hábito sistematicamente. Vejamos a seguir alguns desses indicadores.

4.12.1 Giro dos Estoques

Giro dos Estoques (GE) = Custo das Mercadorias Vendidas / Estoque médio

Demonstra a eficiência operacional quando comparada com outras empresas, devem-se usar séries temporais para análise. Giro de estoque alto não significa eficiência, pois estoque muito pequeno (giro alto) pode indicar: dificuldades para entregar o pedido e falta de caixa. Devem-se utilizar comparativos com outras empresas, e sobretudo, séries temporais da própria empresa.

Dividindo-se o giro de estoques (GE) por 360 (dias) tem-se a idade média dos estoques = IME=GE / 360.

$$IME = \frac{\frac{CMV}{E}}{360}$$

O prazo médio de permanência dos estoques é tradicionalmente calculado pela fórmula a seguir. Este indicador é muito recomendado por fornecer resultados em dias, coisa que todos podem facilmente entender.

$$PMPE = \frac{(\text{Saldo atual de estoques} + \text{Saldo anterior}) \times 360}{2 \times \text{Custo das Mercadorias Vendidas}}$$

Figura 18: Prazo médio de permanência dos estoques

Nesse caso, estão sendo considerados os valores anuais dos saldos dos estoques, extraídos das demonstrações financeiras da empresa. O saldo anterior corresponde ao saldo final de estoques do ano anterior. A média dos estoques é, então, obtida pela divisão por dois. Isso pode apresentar uma relevante distorção na análise. Suponhamos um estoque anterior (saldo final do ano anterior) no valor de R$ 1.000 e um saldo atual de estoques (saldo final deste exercício), no valor de R$ 2.000. Qual seria o saldo médio? Pelo cálculo da fórmula acima (contábil), diríamos que é de R$ 1.500, o que poderia distorcer a realidade da empresa, consequentemente interferindo no cálculo do giro dos estoques. Veja, por exemplo, como poderia ser a série média dos estoques finais mensais dessa empresa:

Mês	Jan	Fev	Mar	Abr	Maio	Jun
Saldo	R$ 1.000	R$ 1.010	R$ 1.020	R$ 1.010	R$ 1.025	R$ 1.010

Mês	Jul	Ago	Set	Out	Nov	Dez
Saldo	R$ 1.020	R$ 1.010	R$ 1.025	R$ 1.010	R$ 1.000	R$ 2.000

Quadro 107: Saldos de estoques (em R$ milhões)

Neste exemplo, intentamos mostrar que a média contábil pode distorcer muito o resultado, assim, para fins gerenciais recomendamos que sejam utilizadas outras médias que melhor reflitam a gestão da companhia.

Média aritmética do ano	Média contábil	Média móvel trimestral
R$ 1.362	R$ 1.500	R$ 1.362

QUADRO 108: Saldos de estoques (em R$ milhões)

Alguém ainda se arriscaria a dizer que o estoque médio foi de R$ 1.500? Neste caso seria melhor considerar uma média móvel trimestral ou simplesmente a média aritmética.

A sugestão é a de calcular os indicadores considerando o menor prazo possível, pois a variação das contas em prazo superior a um mês (muitas vezes até menos), certamente pode ocasionar distorções significativas. Veja que o estoque, em nosso exemplo, manteve-se próximo a R$ 1.000 em todos os meses. O maior problema na análise é a obtenção de dados suficientes para a correta aferição da situação econômico-financeira. Isso ocorre não somente com os indicadores de estoque. O uso de valores anuais pode distorcer os cálculos de prazos médios de recebimentos, de pagamentos, etc.

4.12.2. Período Médio de Cobrança - (PMC)

$$PMC = \frac{DR}{VMD} = \frac{DR}{VA/360} > OU > \frac{DR*360}{VA}$$

Avaliar a política de crédito da empresa, esta é a meta. O prazo de cobrança é um indicador visceral. Obtido pela divisão das duplicatas a receber (DR) pelas vendas médias diárias (VMD). Esta por sua vez representa o quociente de vendas anuais (VA) em 360 dias. Se a empresa normalmente concede 30 dias para pagamento o prazo médio de pagamento (PMC), isso servirá de parâmetro para avaliar o quanto, na prática, a política de crédito funciona.

A análise deve concentrar-se no mês a mês, tomando-se o saldo médio da conta de duplicatas a receber multiplicado por 360, pelo saldo médio das duplicatas emitidas. É de grande utilidade a análise cronológica de duplicatas a receber (DR). Vejamos um exemplo; a empresa tem, em 31/12, um total de R$ 200.000 de duplicatas a receber (DR) com o perfil mostrado no quadro 109. Os valores não entram no caixa num único mês, pois dificilmente alguém consegue apenas vender na modalidade "à vista". Deste modo, apenas no quarto mês o total do faturamento será arrecadado, isso porque estamos considerando, neste exemplo, que não há inadimplência.

Mês	Total faturado	Corrente	0-30 dias	31-60 dias	61-90 dias	91-120 dias
	dezembro	dezembro	janeiro	fevereiro	março	abril
Duplicatas a receber	R$ 200.000	R$ 134.000	R$ 16.000	R$ 44.000	R$ 4.000	R$ 2.000
% arrecadado	100%	67%	8%	22%	2%	1%

QUADRO 109: Saldos de contas a receber

A análise temporal ou cronológica indica um problema no mês de janeiro? Talvez o prazo dado aos clientes para pagamento tenha provocado este resultado. O perfil poderá ser recomposto e comparado com a série histórica mês a mês. Entretanto, quando fazemos um controle mensal, no qual todos os meses são somados e apresentado juntos como veremos em seguida, detectar anormalidade ficará mais difícil, gerencialmente falando.

Na mesma linha de raciocínio, observe no quadro 110 abaixo, que o faturamento de uma empresa industrial do mês de janeiro, no valor de R$ 120.800,00, foi sendo recebido dentro de um período de seis meses. O saldo final, não recebido, após esse período de tempo é considerado como inadimplência. Tipicamente, essa empresa vende mercadorias com prazo de 30, 60, 90 e 120 dias, sendo que 50% das vendas são realizadas com 90 dias. A análise de crédito é bastante eficiente e as perdas são baixas, comparativamente com outras organizações do setor. No sétimo mês após o faturamento a companhia tem no contas a receber, o relativo a este faturamento que é de 2,9%.

Mês	Faturamento	Arrecadação	Contas a Receber	% Inadimplência
Janeiro	R$ 120.800	R$ 12.080	R$ 108.720	
Fevereiro		R$ 24.160	R$ 84.560	
Março		R$ 59.342	R$ 25.218	
Abril		R$ 14.496	R$ 10.722	
Maio		R$ 6.040	R$ 4.682	
Junho		R$ 1.208	R$ 3.474	
Julho			R$ 3.474	2,9%

Quadro 110: Contas a receber - inadimplência

Na contabilidade, o controle é realizado em bases mensais, inclusive separando os valores recebidos por ciclo de faturamento. No exemplo abaixo, a inadimplência média (*bad debt*[13]) verificada varia entre 1% e 3%. Um percentual é provisionado todos os meses como despesas com devedores duvidosos, o chamado PDD, o qual é posteriormente ajustado para a inadimplência real.

Analisar e conceder crédito são tarefas para profissionais muito bem preparados e experientes. Desta política pode depender o sucesso ou fracasso da empresa e mesmo o seu final. Acompanhar eficientemente estes valores, transformando-os em séries temporais é um exercício salutar e um desafio à capacidade dos gerentes.

4.12.3. Giro do Ativo

Giro do Ativo (GA) = Receitas anuais / Ativo Total

Representa a eficiência da empresa em utilizar seus ativos para gerar vendas, sendo medido pelo quociente das receitas anuais (VA) e o ativo total (AT). Deve ser analisado pelas séries temporais e com a média das empresas do setor. Ora, não é difícil

[13] Bad debt – termo em língua inglês que significa inadimplência

entender que quanto maior for a receita gerada, sem aumentar os ativos, tanto mais eficiente é a administração.

Vejamos um exemplo prático. No Sistema Madef, como já mencionado anteriormente, utilizado pelo então Grupo Telebras (privatizada em julho de 1998), a empresa controlava a eficiência de geração de receita de suas sessenta e quatro operadoras de telefonia (coligadas), espalhadas por todos os estados brasileiros, inclusive estabelecendo e cobrando metas. No exemplo mostrado na figura 3, para cada R$ 100 investidos em ativos, a empresa deveria produzir receitas de R$ 40. A articulação da "aranha", como era chamada pelos executivos da Telebras, permitia à empresa, de forma rápida e fácil, retirar uma série de indicadores de desempenho econômico e financeiro.

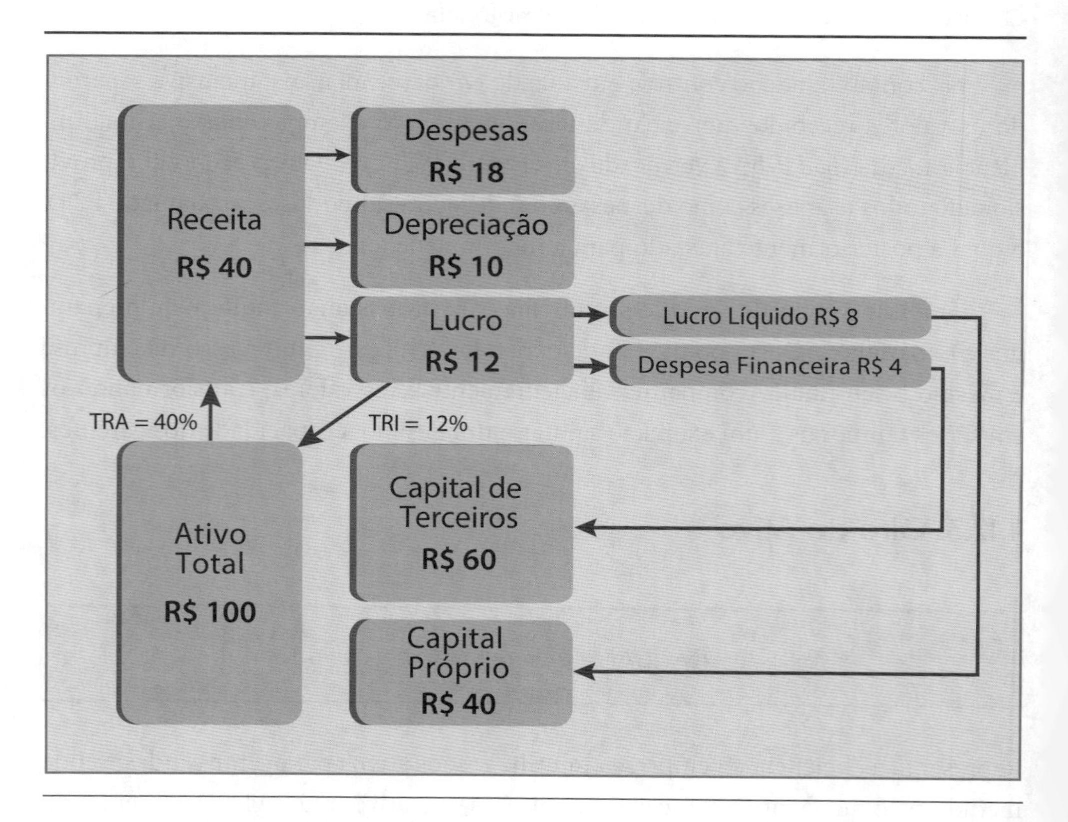

FIGURA 3: Modelo de diagrama Aranha ou modelo DuPont de análise e avaliação financeira e articulação de indicadores

Item	Janeiro	Fevereiro	Março	Abril	Maio	Junho	Julho	Agosto	Setembro	Outubro	Novembro	Dezembro
Vendas do mês	120.800,00	122.100,00	119.400,00	120.300,00	125.400,00	126.400,00	118.800,00	120.100,00	120.000,00	123.200,00	123.600,00	121.400,00
Vendas acumuladas	12.080,00	13.418,00	13.281,80	13.358,18	13.875,82	14.027,58	13.282,76	13.338,28	13.333,83	13.653,38	13.725,34	13.512,53
Janeiro	12.080,00	24.160,00	60.400,00	14.496,00	6.040,00	120,80	-	-	-	-	-	-
Fevereiro	-	12.210,00	24.420,00	61.050,00	14.652,00	6.105,00	244,20	-	-	-	-	-
Março	-	-	11.940,00	23.880,00	59.700,00	14.328,00	5.970,00	1.432,80	-	-	-	-
Abril	-	-	-	12.030,00	24.060,00	60.150,00	14.436,00	6.015,00	1.203,00	-	-	-
Maio	-	-	-	-	12.540,00	25.080,00	62.700,00	15.048,00	6.270,00	250,80	-	-
Junho	-	-	-	-	-	12.640,00	25.280,00	61.200,00	15.168,00	6.320,00	2.528,00	-
Julho	-	-	-	-	-	-	11.880,00	23.760,00	57.800,00	14.256,00	5.940,00	1.782,00
Agosto	-	-	-	-	-	-	-	12.010,00	24.020,00	60.050,00	14.412,00	6.050,00
Setembro	-	-	-	-	-	-	-	-	12.000,00	24.000,00	60.000,00	14.400,00
Outubro	-	-	-	-	-	-	-	-	-	12.320,00	24.640,00	61.600,00
Novembro	-	-	-	-	-	-	-	-	-	-	12.360,00	24.720,00
Dezembro	-	-	-	-	-	-	-	-	-	-	-	12.140,00
Janeiro												
Fevereiro												
Março												
Abril												
Arracadação do mês	12.080,00	36.370,00	96.760,00	111.456,00	116.992,00	118.423,80	120.510,20	119.465,80	116.461,00	117.196,80	119.880,00	120.692,00
Arracadação acumulada	12.080,00	48.450,00	145.210,00	256.666,00	373.658,00	492.081,80	612.592,00	732.057,80	848.518,80	965.715,60	1.085.595,60	1.206.287,60
Janeiro	12.080,00	36.240,00	96.640,00	111.136,00	117.176,00	117.296,80						
Fevereiro		12.210,00	36.630,00	97.680,00	112.332,00	118.437,00	118.681,20					
Março			11.940,00	35.820,00	95.520,00	109.848,00	115.818,00	117.250,80				
Abril				12.030,00	36.090,00	96.240,00	110.676,00	116.691,00	117.894,00			
Maio					12.540,00	37.620,00	100.320,00	115.368,00	121.638,00	121.888,80		
Junho						12.640,00	37.920,00	99.120,00	114.288,00	120.608,00	123.136,00	
Julho							11.880,00	35.640,00	93.440,00	107.696,00	113.636,00	115.418,00
Agosto								12.010,00	36.030,00	96.080,00	110.492,00	116.542,00
Setembro									12.000,00	36.000,00	96.000,00	110.400,00
Outubro										12.320,00	36.960,00	98.560,00
Novembro											12.360,00	37.080,00
Dezembro												12.140,00
Inadimplência %	2,90%	2,80%	1,80%	2,00%	2,80%	2,58%	2,85%	2,00%	2,00%	2,00%	2,00%	2,00%
Inadimplência valor	3.503,20	3.418,80	2.149,20	2.406,00	3.511,20	3.264,00	3.382,00	2.402,00	2.400,00	2.464,00	2.472,00	2.428,00

Quadro 111: Quadro projetado de inadimplência

A análise de figura 3 mostra uma empresa que investiu hipoteticamente R$ 100 em ativos, e com estes gera uma receita de R$ 40, consequentemente, tem uma rotação do ativo de 40%. Mesmo para um prestador de serviços esta relação é muito baixa, daí o desafio. Ora, quanto mais eficiente a administração, maior deverá ser esta relação, ou seja, produzir mais receita com o mesmo ativo. Uma empresa no ramo de supermercados consegue obter uma rotação de 1,2, praticamente três vezes mais eficiente que o nosso exemplo acima. Assim, um indicador pode ser colocado como forma de desafio ao corpo gerencial, elevar a rotação do ativo para 55%, por exemplo. A Aranha representada na forma de contas contábeis traduz-se numa maneira fácil e praticar de gerenciamento de desempenho.

4.13. Medidas de Endividamento

De modo genérico, estes indicadores indicam o nível de capital de terceiros utilizado na operação da companhia. Sob o ponto de vista dos fornecedores, o interesse volta-se para o curto prazo ou para a capacidade de pagamento das compras realizadas. Essas medidas são largamente utilizadas na análise econômico-financeira para a concessão de crédito. Na área empresarial, as empresas, por sua experiência operacional, conhecem o nível de endividamento que os seus clientes podem assumir, sem colocar em risco os pagamentos das compras. Assim, por intermédio dessas medidas, controlam o volume de crédito concedido.

Sob o ponto de vista financeiro (bancos), o interesse é de longo prazo, procurando verificar se o cliente terá com a empresa capacidade para pagar seus empréstimos e financiamentos. Já os acionistas, sabem que os empréstimos e financiamentos e suas decorrentes despesas financeiras, se bem niveladas, podem gerar bons dividendos futuros.

4.13.1. Índice de Participação de Terceiros

Índice de Participação de Terceiros (IPT) = (Passivo Total – Patrimônio Líquido) / Ativo Total

Também chamado de Dependência de Recursos de Terceiros (DRT) mostra o volume dos recursos de terceiros utilizados na atividade da empresa.

Representa o quociente do Passivo Total (PT) menos o Patrimônio Líquido (PL), pelo ativo total (AT). Quanto maior for o índice de participação de terceiros (IPT), maior será o grau de alavancagem[14] financeira (GAF) alcançado. A análise deve ser realizada sobre as séries temporais. Como se sabe, empresas muito "alavancadas", ou seja, com as suas fontes de recursos dependentes de empréstimos, estarão sujeitas a maior risco.

Esse indicador faz parte do conjunto conhecido como estrutura de capitais. Quanto a empresa possui de capital de terceiros e quanto de capital próprio? A pergunta seguinte deve ser: quanto custa o capital de terceiros e quanto custa o capital próprio? A resposta não é tão simples assim. Em algumas organizações, um pode mais que o outro, ou vice-versa. Certa vez, nós fomos questionados: qual o capital mais barato: próprio ou de terceiros? A resposta é: depende de cada empresa. Não se pode afirmar, genericamente, o custo de cada um, sem o conhecimento das taxas aplicadas, da política de dividendos e de distribuição, do custo de oportunidade, da taxa mínima de atratividade do capital, etc. Somente após efetuar os cálculos sobre os valores envolvidos é possível afirmar qual o custo da composição do capital daquela organização. Sem dúvida, quanto maior a participação do capital próprio mais barato e melhor (se o capital de terceiros for mais barato que o capital próprio, certamente será melhor nos financiarmos com capital de terceiros, para aumentar nossas margens). A alavancagem financeira, refere-se à captação de recursos de terceiros e os resultados obtidos com sua aplicação.

Assim, se tomamos um recurso de terceiros, devemos com ele gerar novos recursos, suficientes para devolver o capital emprestado com a remuneração devida e ainda espera-se que "sobre" algum valor. Não há sentido em utilizar um capital, empregando-o no processo produtivo, se não conseguir obter retorno superior ao custo desse capital. O custo médio ponderado de capital (CMPC[15]), citado no item de análise do endividamento anterior, é o resultado dessa composição e de seu

[14] Em finanças, alavancagem é o termo geral para qualquer técnica aplicada para multiplicar a rentabilidade por meio de endividamento. O incremento proporcionado através da alavancagem também aumenta os riscos da operação e a exposição à insolvência. Tornou-se regra geral dizer que empresas endividadas estão "alavancadas".

[15] Também conhecido pela sigla em inglês: WAAC – Weighted Average Cost of Capital

respectivo custo. Essa taxa é utilizada para conhecimento do custo da estrutura de capitais com finalidade gerencial e também como taxa de desconto no modelo de fluxo de caixa descontado, na aferição do valor da empresa como um todo.

4.13.2. Índice de Participação Proporcional de Terceiros

Índice de Participação Proporcional de Terceiros (IPTp) =
Patrimônio Líquido / Passivo não Circulante

Representa a relação de capitais próprios, comparativamente com os capitais de terceiros. Por meio desse índice, é possível estabelecer a proporção dos capitais que financiam a empresa.

Do mesmo modo que o item anterior, a participação do capital de terceiros representa a análise da estrutura de capitais. É apenas outra forma de observar sua composição. Tal forma, segundo os analistas, pode ser a estrutura real (definida a partir dos números apresentados pela empresa) ou pode ser a estrutura ideal (que revela a melhor composição de capitais para aquele tipo de empreendimento ou atividade), dependendo do custo de cada um dos capitais utilizados. O conhecimento de tal formação e de seu custo de aquisição permite ao gestor a busca da maximização da alavancagem e das margens auferidas no processo de emprego dos capitais. Como estamos em um ambiente capitalista, o desconhecimento de tais fatores ou o mau emprego dos recursos pode gerar perdas permanentes de resultados e levar os sócios, acionistas ou quaisquer interessados nos resultados da companhia a prejuízos causados por incapacidade administrativa.

4.13.3. Índice Passivo não Circulante

Índice Exigível em Longo Prazo (IELP) = Passivo não Circulante /
Patrimônio Líquido

É a divisão do Passivo não Circulante (ELP) pelo Patrimônio Líquido (PL). Indica a relação com recursos de longo prazo (empréstimos) e os recursos dos proprietários da empresa. Deve ser analisado pelas séries temporais e com a média das empresas do setor.

Particularmente, temos aqui um indicador que os analistas não gostam muito de utilizar na prática. O entendimento de tal indexador deve dar-se à luz do conhecimento dos itens componentes de cada um dos grupos. Desde a Instrução CVM 247/96, os Balanços Patrimoniais publicados trazem destaque da participação dos acionistas minoritários, fora do grupo do Patrimônio Líquido. Isso não deve interferir na análise, mas pode ser considerado como parte integrante do processo.

Do mesmo modo deve ser analisada a estrutura de capitais e seus resultados e, considerando o entendimento genérico de que os meios circulantes de curto prazo não se confundem com os de longo prazo e permanentes, a participação do Passivo não Circulante, em relação ao capital próprio (PL), é de extrema importância, principalmente quando consideramos os custos desses capitais. Captações de recursos de longo prazo, sejam no mercado interno (debêntures ou outros títulos de dívida), ou por meio de recursos do exterior, devem sempre ser consideradas com os respectivos parâmetros de custo de captação. Geralmente, os custos de captação de longo prazo tendem a ser menores para a organização, mas o resultado deve ser avaliado em função da capacidade de "alavancagem" gerada e não somente das taxas aplicadas nas operações.

4.14. Medidas de Capacidade de Honrar Dívidas

Avaliam a capacidade de a empresa honrar seus compromissos fixos contratuais, programados e de longo prazo (Financiamentos, empréstimos, juros, amortizações, dividendos, etc.).

A importância de tais indicadores revela-se no âmbito do planejamento financeiro. No momento da decisão de concessão ou de obtenção de crédito remunerado é importantíssima a preocupação com a possibilidade de arcar com os empréstimos adicionais e com os juros correspondentes (entenda-se aqui mútuos de qualquer espécie e não somente na modalidade de empréstimo propriamente dito).

4.14.1. Índice de Cobertura de Juros

Índice de Cobertura de Juros (ICJ) = LAJIR / DAJ

Avalia a capacidade da empresa de pagar juros contratuais. Consiste no conhecimento dos lucros antes dos juros e do imposto de renda (LAJIR) e as despesas anuais de juros (DAJ). Deve ser avaliado por séries históricas.

4.14.2. Índice de Cobertura de Pagamentos Fixos (ICP)

$$ICP = \frac{LAJIR}{\text{JUROS} + (\text{AMORTIZAÇÕES} + \text{DIVIDENDO PREFERENCIAL}) * (1/(1-a))}$$

Onde “a” é a alíquota do imposto de renda. A equação (1/(1-a)) é incluída de forma a ajustar os pagamentos de amortização do principal e de dividendos preferenciais com o valor anterior ao imposto de renda, consistente com o numerador. Avalia a capacidade de pagamento de obrigações fixas.

4.15. MEDIDAS DE RENTABILIDADE OU LUCRATIVIDADE

Existe um grande número de indicadores medindo a lucratividade da empresa, relacionando o retorno com o patrimônio líquido, ativo e vendas. A lucratividade é essencial para a sobrevivência da empresa e interessa aos proprietários, fornecedores e entidades financeiras.

4.15.1. Margem Líquida (ML)

Margem Líquida (ML) = Lucro Líquido / Receita Operacional Líquida

O mais importante indicador empresarial sobre a ótica da rentabilidade. Mede a margem de lucro final, ou seja, após os efeitos dos juros e do imposto de renda. O controle do indicador deve ser realizado por meio das séries históricas e de forma rigorosa. Uma forma simples e eficiente de análise da margem líquida é a análise vertical da margem líquida e consiste em relacionar séries temporais na forma percentual (quadro 112).

	Item	Meses em %		
		out	nov	dez
	Receita Operacional Líquida	100,0%	100,0%	100,0%
(-)	Custo da mercadoria vendida	67,9%	66,7%	65,6%
(=)	Margem bruta	31,1%	33,3%	34,4%
	Despesas com vendas	3,3%	4,2%	5,3%
	Despesas gerais e administrativas	7,4%	8,6%	8,7%
	Depreciação	7,8%	8,7%	8,7%
(=)	Total das despesas	18,5%	21,5%	22,7%
(=)	Margem operacional	13,6%	11,8%	11,7%
(-)	Despesas com juros	3,0%	3,5%	3,9%
(=)	Lucro antes do imposto de renda	10,6%	8,3%	7,8%
(-)	Imposto de renda	3,1%	2,5%	2,4%
(=)	Margem Líquida	7,5%	5,8%	3,4%

QUADRO 112: **Demonstração de Resultado do Exercício**

O gráfico 4, mostra as margens líquidas de algumas empresas na área de telecomunicações, durante o ano de 2012. As comparações só podem ser feitas consigo mesmo ou com empresas que atuam no setor, pois as margens variam muito de um ramo para outro.

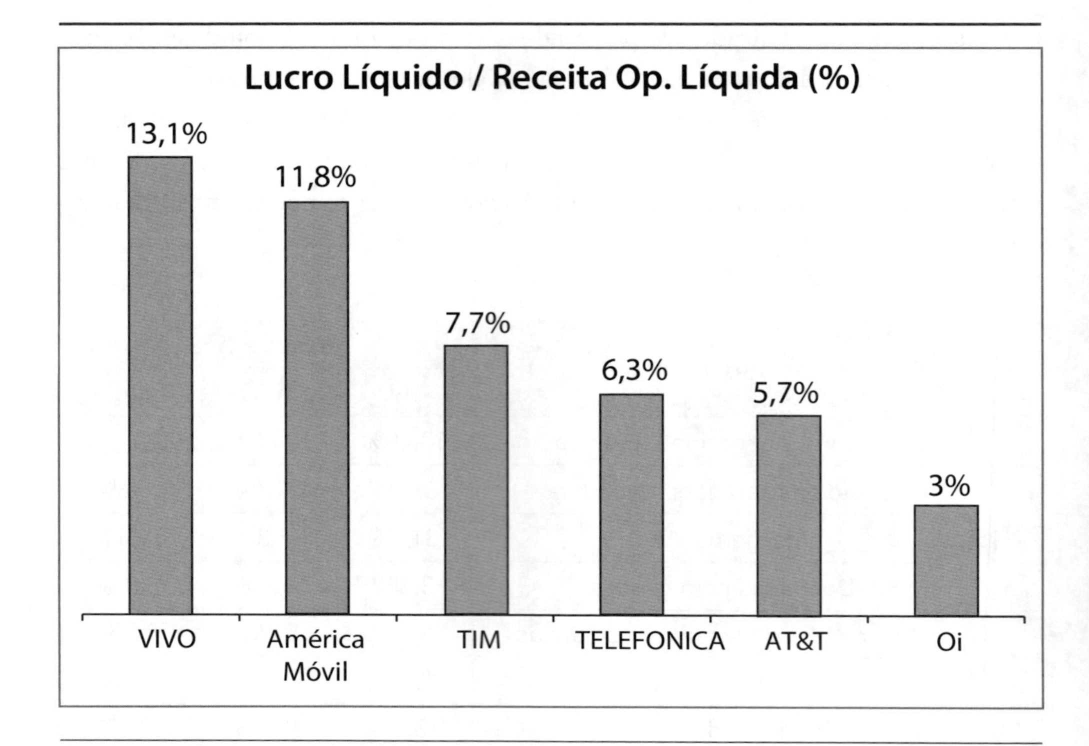

GRÁFICO 4: Margem líquida
FONTE: Teleco

4.15.2. Margem Bruta

Margem Bruta (MB) = CMV / Receita Operacional Líquida

Indica o percentual restante das vendas após o pagamento do custo da mercadoria vendida (CMV). A análise das séries históricas deve ser sistemática e rigorosa.

Deve-se sempre utilizar o volume de vendas líquidas (Receita Operacional Líquida). As primeiras linhas da Demonstração do Resultado podem ocasionar interpretações errôneas. Vejamos:

Receita Operacional Bruta	R$1.000.000
(-) Deduções da Receita	R$ 300.000
(=) Receita Operacional Líquida	R$ 700.000
(-) Custo das Mercadorias Vendidas	R$ 280.000
(=) Lucro Operacional Bruto	R$ 420.000

QUADRO 113: Lucro operacional bruto

A Receita Total de R$1.000.000 não traduz a receita da empresa, pois ela sofre deduções. São deduções da receita as devoluções, os cancelamentos, os impostos incidentes sobre as vendas e os descontos comerciais. Assim, a receita que a empresa realmente aferiu é a Receita Operacional Líquida, que deve ser a considerada para todos os efeitos de cálculos na análise das demonstrações financeiras. A empresa, aqui, teve uma Receita de R$ 700.000 e não de R$1.000.000, já que impostos estão contidos neste número. Alguns a denominam de turnover.

4.15.3. Margem Operacional

Margem Operacional (MO) = LAJIR / Receita Operacional

A Margem Operacional mede a margem de lucro antes do pagamento dos juros e do imposto de renda (LAJIR), ou seja, o lucro decorrente da atividade operacional. O leitor deve observar que na linguagem contábil, normalmente os juros estão incluídos no resultado operacional.

Há outros inúmeros indicadores derivados da MO, ora apresentada. A margem pode ser calculada de forma líquida, bem como considerar também itens adicionais, fora do espectro operacional propriamente dito. Assim, temos a margem operacional líquida e a margem líquida total.

Convém lembrar que se deve utilizar na fórmula, sempre, o volume de vendas líquidas, já desconsiderados os impostos incidentes sobre as vendas, os cancelamentos, devoluções e abatimentos.

4.15.4. Retorno Sobre o Investimento

Retorno sobre o Investimento (ROI) = LAIR / Ativo Total

O indicador Retorno sobre o Investimento estabelece a eficiência do administrador na medida em que mostra a capacidade dos ativos na geração de lucro, isso se explica quando o ROI compara o lucro após o imposto de renda (LAIR) com o ativo total. O retorno sobre o investimento também pode ser calculado com a fórmula DuPont, muito difundida entre os analistas.

ROI = Margem Líquida x Giro do Ativo Total

Entretanto, alguns enxergam esse índice como inadequado, pois, os lucros são calculados após o pagamento de juros aos credores. Quando os juros forem significativos, em termos de balanço analisado, o cálculo deve ser elaborado considerando a fórmula a seguir.

$$ROI = \frac{LAJIR}{Ativo\,Total}$$

Calculando o ROI por meio do quociente do lucro antes dos juros e do imposto de renda (LAJIR) pelo ativo total, a análise independe do modo como a empresa é financiada. O controle do indicador deve ser realizado mediante séries históricas e de forma rigorosa.

4.15.5. Retorno sobre o Patrimônio Líquido

Retorno sobre o Patrimônio Líquido (RPL) = Lucro após IR / Patrimônio Líquido

A taxa de retorno sobre o PL demonstra a resposta em termos de lucratividade sobre o total dos investimentos realizado, quer sobre ações preferenciais ou ordinárias, ou seja, a rentabilidade sobre o Capital Próprio. Igualmente pode ser calculado por meio da fórmula DuPont. Veja também Índice de Participação de Terceiros (IPT).

$$RPL = \frac{ROI}{1 - IPT}$$

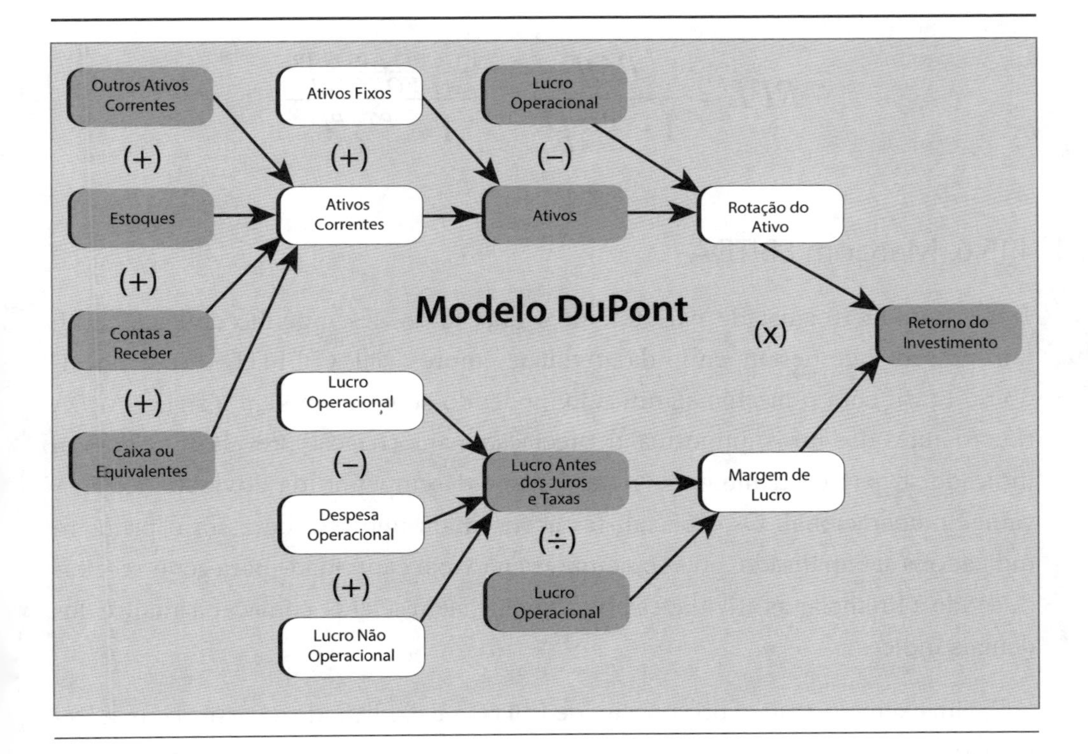

Figura 19: Modelo DuPont
FONTE: wikipedia.com

A análise DuPont, também conhecida como identidade DuPont ou equação DuPont, é uma fórmula que calcula o ROE (Return on Equity – retorno sobre o PL). O nome veio da DuPont Corporation, importante indústria americana do ramo petroquímico que criou tecnologia e fez história na área de gestão financeira a partir dos anos 1920. A fórmula DuPont divide o retorno sobre patrimônio (ou seja, os retornos que os investidores recebem da empresa) em três elementos distintos. Esta análise permite ao gerente compreender a fonte de retorno superior (ou inferior) em comparação com as empresas em indústrias semelhantes (ou entre indústrias). Variações da fórmula DuPont foram desenvolvidos para as diferentes indústrias, onde alguns dos elementos contábeis possuem significância diversa.

Calculado desta forma demonstra o efeito da "alavancagem" sobre o retorno dos proprietários.

$$RPL = \frac{ROI}{1 - \frac{PT - PL}{AT}} = \frac{\frac{\text{LUCRO APÓS. IR}}{\text{ATIVO TOTAL}}}{1 - \frac{PT - PL}{AT}}$$

4.15.6. Margem EBITDA

Trata-se do lucro ajustado para fins de avaliação do desempenho operacional. É um indicador de desempenho da atividade empresarial. O EBITDA[16] é conhecido no Brasil com o mesmo significado, podendo-se usar também a sigla LAJIDA (Lucro antes dos juros, impostos, depreciação e amortização), revela-se como um indicador capaz de demonstrar o verdadeiro desempenho da atividade exclusivamente operacional. Os especialistas aconselham que esse deve ser o primeiro indicador a ser analisado, pois se a empresa não tem capacidade para gerar receitas de modo a financiar as atividades operacionais, nem se deve começar a análise dos demais índices.

Um exemplo prático do conceito de EBITDA é explicitado a partir de uma Demonstração do Resultado. As despesas financeiras, os impostos (imposto de renda e contribuição social) e a depreciação não devem ter influência no lucro, quando se quer quantificar a capacidade de geração de caixa dos ativos dedicados exclusivamente às atividades operacionais. Portanto, para o objetivo do EBITDA, tais despesas não devem ser subtraídas do lucro, pois o que se deseja verificar é a capacidade de geração de caixa (quadro 114), justificam-se os dados defasados (2004) em face das empresas serem de capital aberto, desta forma evitam-se especulações.

[16] Do inglês Earnings Before Interests, Taxes, Depreciation and Amortization.

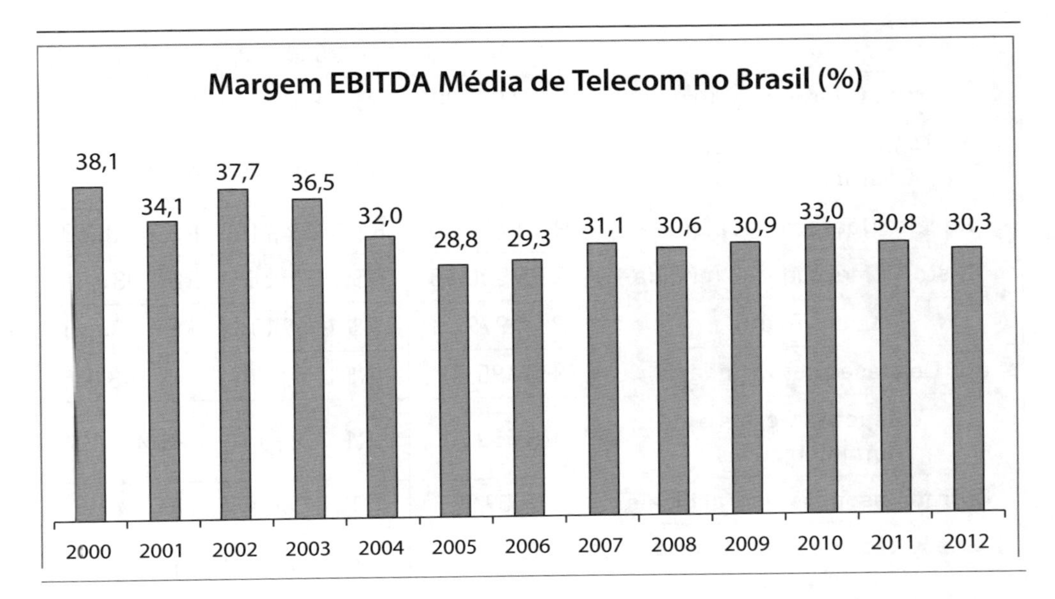

Gráfico 5: Margem EBITDA média de Telecom no Brasil (%)
FONTE: Teleco

A análise do gráfico 5 é extremamente reveladora, pois mostra que a margem EBITDA do setor de telefonia fixa e móvel no Brasil está se deteriorando, tendo perdido praticamente oito pontos percentuais de 2000 até 2012. Isso se explica pela acirrada concorrência do setor; as empresas não conseguem reduzir custos na mesma medida em que são obrigadas a baixar os preços.

O indicador Margem EBITDA é calculado pelo lucro operacional, antes das despesas financeiras, depreciação e impostos, dividido pela receita operacional líquida, mais conhecido no mercado pelo seu nome em inglês: "EBITDA Margin". Calcular o valor do EBITDA das empresas não é tarefa fácil. As publicações, embora a maioria das empresas dedique capítulos exclusivos para comentar esse indicador, não trazem dados que permitam a recomposição e, assim, o seu cálculo não pode ser realizado. O Balanço da Souza Cruz[17], publicado na Internet, é uma das exceções. A propósito, a transparência é um fator marcante na publicação dos dados dessa empresa, conforme quadro 114.

17 Embora a empresa disponibilize dados sempre atualizados no site, os autores preferiram os resultados de 2004 para evitar especulações, em face de tratar-se de uma empresa de capital aberto.

Item	2004	2003	2002
Receita Operacional Bruta	R$ 7.514,90	R$ 6.806,60	R$ 6.184,80
Deduções Da Receita Operacional Bruta	R$ 4.034,90	R$ 3.562,00	R$ 3.366,20
Receita Operacional Líquida	R$ 3.480,00	R$ 3.244,60	R$ 2.818,60
Custo da Mercadoria Vendida	R$ 1.500,40	R$ 1.275,50	R$ 1.034,50
Lucro Bruto	R$ 1.979,60	R$ 1.969,10	R$ 1.784,10
Despesas com Vendas	R$ 495,90	R$ 399,80	R$ 348,00
Despesas Gerais e Administrativas	R$ 459,70	R$ 461,20	R$ 413,10
Outras Despesas Operacionais	R$ 59,20	R$ 87,60	R$ 24,10
Resultado da Equivalência Patrimonial	R$ 2,00	R$ 1,90	-R$ 13,00
Lucro Antes do Resultado Financeiro	R$ 962,80	R$ 1.018,60	R$ 1.011,90
Receitas/Despesas Financeiras	-R$ 22,30	-R$ 8,80	-R$ 142,90
Despesas com Juros sobre o Patrimônio Líquido	R$ 167,50	R$ 159,00	R$ 120,50
Lucro Operacional	R$ 817,60	R$ 868,40	R$ 1.034,30
Resultado não Operacional	R$ 5,60	-R$ 6,10	-R$ 18,30
Lucro Antes do IR e CSLL	R$ 823,20	R$ 862,30	R$ 1.016,00
IR e CSLL	R$ 258,70	R$ 252,30	R$ 175,70
Lucro Líquido do Exercício	R$ 564,50	R$ 610,00	R$ 840,30
Lucro Após a Reversão do JSCP	R$ 732,00	R$ 769,00	R$ 960,80
Outros			R$ 0,40
Lucro	R$ 732,00	R$ 769,00	R$ 961,20
Depreciação	R$ 142,80	R$ 124,10	R$ 93,70
EBITDA	R$ 1.111,20	R$ 1.136,60	R$ 1.087,30
EBITDA % (margem)	31,9%	35,0%	38,6%

Quadro 114: DRE – Souza Cruz S/A em 31/12/2004 (R$ milhão)

Os dados publicados pela Souza Cruz permitem ao analista a fácil recomposição do indicador para o ano de 2004. Confira no quadro 115.

Item	2004	2003	2002
Lucro Líquido do Exercício	R$ 564,50	R$ 610,00	R$ 840,30
(+) Reversão dos Juros sobre o Capital Próprio	R$ 167,50	R$ 159,00	R$ 120,50
(+) Depreciação	R$ 142,80	R$ 124,10	R$ 93,70
(+) Imposto de Renda e Contribuição Social	R$ 258,70	R$ 252,30	R$ 175,70
(-) Despesas / Receitas Financeiras	(R$ 22,30)	(R$ 8,80)	(R$ 142,90)
(=) EBITDA	R$ 1.111,20	R$ 1.136,60	R$ 1.087,30
(=) EBITDA margem	31,9%	35,0%	38,6%

Quadro 115: Geração do EBITDA – Souza Cruz S/A em 31/12/2004 (R$ milhão)

$$\text{Margem EBITDA} = \frac{EBITDA}{\text{Receita Operaciona. Líquida}} = \frac{R\$1.111,20}{R\$3.480,00} = 31,9\%$$

4.15.7: Índice de Despesas Operacionais – Overhead

Dentre os múltiplos objetivos dos administradores, um de grande importância é a redução das despesas administrativas, ou seja, aquelas não diretamente relacionadas com a atividade operacional ou à produção do produto ou serviços, o chamado "Overhead". Esse cuidado e controle são interessantes, pois uma das metas empresariais é manter o overhead ao mínimo, de modo a ter maiores margens no CMV ou CSP (custo da mercadoria ou do serviço prestado), para poder enfrentar melhor os movimentos da concorrência.

Nos negócios, a despesa adicional ou sobrecarga é uma despesa permanente incorrida ao operar; também é conhecida como uma "despesa operacional". Exemplos incluem o aluguel, gás, eletricidade e carga de trabalho. O termo "sobrecarga" geralmente é usado para agrupar as despesas que são necessárias para a continuidade do funcionamento da empresa, mas não podem ser imediatamente associados aos produtos ou serviços oferecidos, ou seja, não geram diretamente os lucros. Estas despesas incluem as comissões de contabilidade, publicidade, seguros, juros, honorários advocatícios, carga de trabalho, aluguel, reparos, suprimentos, impostos, contas de telefone, despesas de viagem e utilitários, dentre outras. O overhead é o quociente das despesas administrativas e do custo da mercadoria vendida.

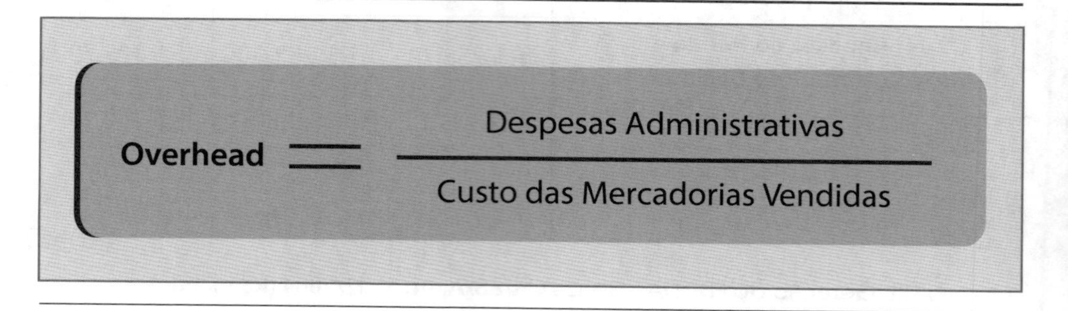

Figura 20: Despesas Administrativas ou Overhead

O quadro 116 mostra que os gastos administrativos da Souza Cruz, em proporção, estão sendo reduzidos sistematicamente no transcorrer dos últimos três anos.

Item	2004	2003	2002
Total das Despesas Administrativas	R$ 1.016,80	R$ 950,50	R$ 798,20
Total do Custo da Mercadoria Vendida	R$ 1.500,40	R$ 1.275,50	R$ 1.034,50
Overhead (%)	68%	75%	77%

Quadro 116: Cálculo do overhead – Souza Cruz S/A comparativo (R$ milhão)

A análise do quadro 116 mostra que a Souza Cruz vem reduzindo com muito vigor o Overhead, ou seja, a proporção de despesas administrativas é cada vez menor ao longo dos anos, alcançando 68% em 2004, enquanto em 2002 chegou a 77%.

4.15.8. Ciclo Operacional e Ciclo Financeiro

Em planejamento financeiro, é necessário entender o mecanismo financeiro que rege a empresa, ou seja, em linguagem administrativa, o "ciclo operacional". A figura 21, a seguir, retrata esse ciclo:

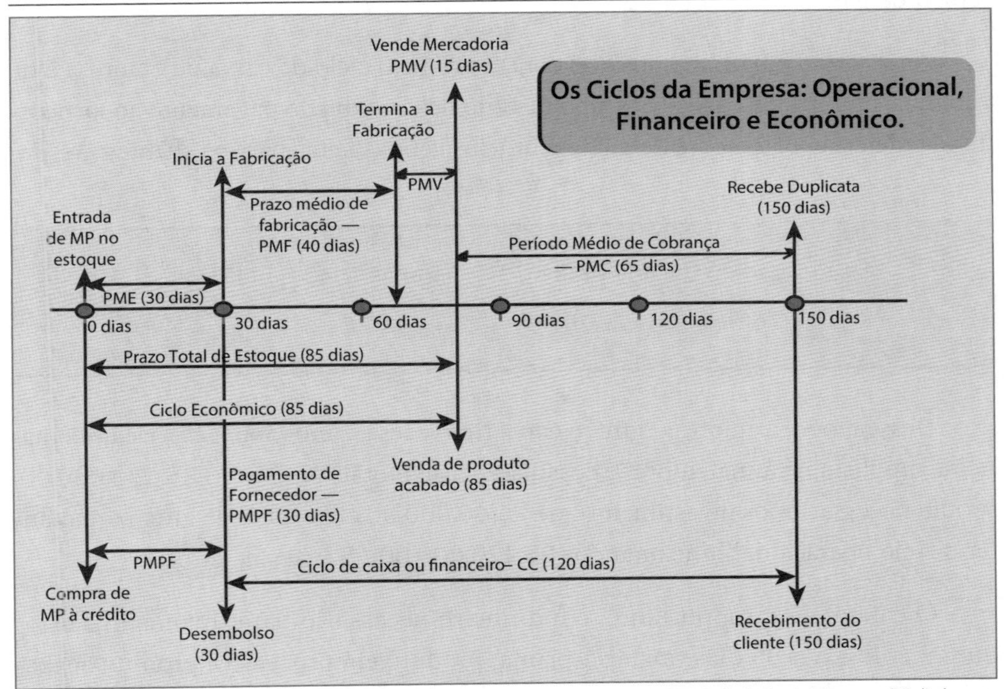

NOTA: **CC**: Ciclo de Caixa – Financeiro (120 dias); **PMV**: Perírodo Médio de Venda (15 dias); **PTE:** Período Total de Estoque (85 dias); **PMF**: Período Médio de Fabricação (40 dias); **PME**: Período Médio de Estoque de Matéria-Prima (30 dias); **PMC**: Período Médio de Cobrança de Duplicatas (65 dias); **PMPF**: Período Médio de pagamento de Fornecedor (30 dias)

FIGURA 21: Ciclo Operacional
FONTE: Antonik, 2013

Conforme demonstrado na figura 21, a matéria-prima ingressa no estoque, em média, no "instante zero" e a empresa recebe a duplicata relativa à venda da mercadoria para o cliente, em média apenas no dia "150". Considerando tempos médios, desde que a matéria-prima entra na empresa até que a venda é recebida, são decorridos 150 dias.

O ciclo financeiro, por sua vez, tem um prazo um pouco menor, pois dele é descontado o prazo que se recebe do fornecedor, em média, para pagamento das matérias-primas. A figura que apresenta o ciclo operacional, embora pareça complexa à primeira vista, ilustra uma situação muito interessante e útil: quanto menor for o "ciclo operacional", menor será a necessidade de capital de giro, ou seja, menos capital de giro deverá ser investido no negócio e, consequentemente, haverá menor risco para o empresário e menores custos financeiros de manutenção desse capital de giro.

Analisando a figura, é possível constatar que o ciclo de caixa da empresa é de 120 dias, ou seja, 120 dias é o tempo medido desde o dia do pagamento ao fornecedor de matérias-primas até o recebimento das vendas feitas para os clientes: Assim:

Ciclo de Caixa = PME + PMF + PMV + PMC – PMPF

Ciclo de Caixa = 30 + 40 + 15 + 65 - 30 = 120 dias

Desse modo, a empresa "gira" o caixa três vezes ao ano (360/125). De uma maneira simplista, se uma empresa possuísse gastos totais anuais de R$ 120.000,00, seriam necessários os investimentos de R$ 40.000,00 em capital de giro, para manter o ciclo operacional funcionando (R$ 120.000,00 / 3 vezes de giro).

O capital de giro, portanto, é o dinheiro necessário para financiar os estoques médios, por 85 dias (matéria-prima, produto em processo e produto acabado), mais o prazo médio de pagamento concedido aos clientes que, no exemplo, é de 70 dias. Isso quer dizer que os R$ 40 mil investidos no capital de giro ficarão "parados" durante todos os dias do ano nessas aplicações; tudo para manter a empresa operando.

Considerando um custo do dinheiro em torno de 15% ao ano, essa empresa teria uma despesa anual, para manter o capital de giro, de R$ 6 mil. Assim, quanto mais adequado for o planejamento financeiro, melhorando o fluxo da produção, acelerando as vendas para reduzir os estoques de produtos acabados e, se possível, dando menos prazo de pagamentos aos clientes, a empresa estaria significativamente reduzindo custos e eliminando riscos financeiros.

Ampliando essa ideia, pode-se perceber que, se as vendas aumentarem, será necessário investir mais dinheiro em capital de giro. Por estranho que possa parecer, essa é a causa de falência da maioria das empresas – o crescimento das vendas. Isso porque, normalmente, o empresário financia o ciclo operacional da maneira mais fácil e cara, emprestando o dinheiro em bancos, quando poderia melhorar o planejamento financeiro e reduzir o volume de recursos aplicado no capital de giro por meio da otimização do ciclo produtivo. A empresa, porém, perceberá o erro de financiar o aumento das vendas pelo endividamento de curto prazo, quando não for mais possível reverter a situação.

Bibliografia

ANTONIK, Luis Roberto. *Empreendedorismo – administração financeira para micros e pequenas empresas*. Curitiba: UNIFAE, 2013.

ANTONIK, Luis Roberto. *Efeitos Inflacionários, Números Índices e Indexadores - uma visão gerencial*. Curitiba: UNIFAE, 2005.

ASSAF NETO, Alexandre; TIBURCIO, César Augusto. *Administração de Capital de Giro*. 2. ed. São Paulo: Atlas, 1995.

ASSAF NETO, Alexandre. *Estrutura e Análise de Balanços – um enfoque econômico--financeiro*. 6ª ed. São Paulo: Atlas, 2001.

BRASIL, Haroldo Vinagre; BRASIL, Haroldo Guimarães. *Gestão Financeira das Empresas: um modelo dinâmico*. Rio de Janeiro: Qualitymark, 1991.

FLEURIET, Michael; KEHDY, Ricardo; BLANC, Georges. *A Dinâmica Financeira das empresas brasileiras: um novo método de análise, orçamento e planejamento financeiro*. Belo Horizonte: Fundação Dom Cabral, 1980.

LOPES DE SÁ, Antônio. *Fundamentos da Contabilidade Geral*. Curitiba: Juruá, 2005.

LOPES DE SÁ, Antônio. *Moderna Análise de Balanços ao Alcance de Todos*. Curitiba: Juruá, 2005.

RASOTO, Armando. *Análise e Planejamento Financeiro no Ambiente Empresarial através de um Modelo Informatizado: Software AR-Financial*. 2001. Dissertação (Mestrado) - Universidade Federal de Santa Catarina, 2001.

RASOTO, Armando. A Estratégia Focada no Resultado. *Revista Fae Business – Idéias para Gestão Empresarial*, Curitiba, PR, v.1, n. 5, p. 18-21, Abr. 2003.

RIBEIRO, Osni Moura. *Estrutura e Análise de Balanços fácil*. São Paulo: Saraiva, 1997.

SILVA, José Pereira. *Análise Financeira das Empresas*. 5ª ed. São Paulo: Atlas, 2001.

Índice

A

B

C

D

E

F

G

I

L

M

N

O

P

R

S

T

V

ROTAPLAN
GRÁFICA E EDITORA LTDA
Rua Álvaro Seixas, 165
Engenho Novo - Rio de Janeiro
Tels.: (21) 2201-2089 / 8898
E-mail: rotaplanrio@gmail.com